Simone Pfeffer/ Michael Göppner-Pfeffer

Ich achte gern auf mich und dich

Persönlichkeit entwickeln, Gemeinschaft leben

Simone Pfeffer/ Michael Göppner-Pfeffer

Ich achte gern auf mich und dich

Persönlichkeit entwickeln, Gemeinschaft leben

HERDER
FREIBURG · BASEL · WIEN

Informationen & Fortbildungen:
www.pfefferkom.de

Gedruckt auf umweltfreundlichem, chlorfrei gebleichtem Papier

Layout: Reckels und Schneider-Reckels, Wiesbaden
Umschlagfoto: Hartmut W. Schmidt, Freiburg
Fotos im Innenteil: Privat
Illustrationen: Yo Rühmer, Frankfurt am Main

www.herder.de
Gesamtherstellung: fgb · freiburger grafische betriebe 2007
www.fgb.de

ISBN 978-3-451-32053-8

Inhalt

1. Einleitung

Selbstvertrauen und Zuversicht, positive Beziehungserfahrungen mit anderen Menschen und ein erfülltes Leben – das wünschen wir nicht nur unseren Kindern, sondern diese Vorstellungen sind auch für uns Erwachsene mit hoher Lebensqualität verbunden.

Diese Qualitäten sind aber keine Produkte eines glücklichen Zufalls, sondern sie hängen eng mit verschiedenen Basiskompetenzen zusammen, die wir von Beginn unseres Lebens an im Zusammensein mit anderen herausbilden.

Als solche Basisfähigkeiten stehen hier emotionale und soziale Kompetenzen sowie die Wertebildung und die mit ihr verbundene moralische Entwicklung der Persönlichkeit im Mittelpunkt. Vielfältige Lern- und Entwicklungsprozesse in diesen Bereichen in der frühen Kindheit bilden das Fundament für die Entwicklung von weiteren, zunehmend komplexer werdenden Fähigkeiten. Dazu gehören die sichere Regulation des eigenen Gefühlshaushaltes, die Gestaltung von positiven Sozialkontakten in vielfältigen Situationen, ein mit Freude und Erfolgserfahrungen verbundenes Lernen und eine klare moralische Integrität – all diese umfassenden Fähigkeiten entwickeln sich auf dem zuvor gelegten Fundament der Basisfähigkeiten.

Wenn die Basisfähigkeiten nur bruchstückhaft ausgebildet sind, ist auch die weitere Entwicklung in vielfältigen Bereichen behindert und kann zu umfassenden Beeinträchtigungen für das Kind und den Jugendlichen führen. Neben der individuellen Problematik beim einzelnen Menschen wirkt sich das Fehlen dieser grundlegenden sozialen Fähigkeiten auch massiv auf die Gemeinschaft aus. Eine bewusste und langfristige Bildung von emotionalen und sozialen Kompetenzen in der Kindheit und die Auseinandersetzung mit Werten ist daher sinnvoll und geboten.

1.1 Warum es wichtig ist, sich mit Werten zu befassen

Viele Werte, die im Zusammenhang mit der christlichen Religion unseres Kulturkreises stehen, können im Alltag Richtung und Halt geben. Dass Werte wie Frieden und Nächstenliebe zum konstruktiven Zusammenleben beitragen, ist leicht nachvollziehbar. Gehorsam und Glaube können Konflikte mit Autoritäten, aber auch Selbstzweifel und Orientierungslosigkeit vermeiden.
Aber wie steht es mit Werten in einer Gesellschaft, in der Religion nur bei Teilen der Bevölkerung eine bedeutsame Rolle spielt?
Neben denjenigen, die mit der christlichen Religion „nichts am Hut haben" und sich an anderen, z. B. humanistischen Idealen orientieren, gibt es auch immer mehr Menschen in unserem unmittelbaren Lebensumfeld, die anderen Religionen angehören. Deren Werteverständnis fließt ebenfalls in das alltägliche Leben ein. Viele verschiedene Wertsetzungen bestehen also in unserer pluralen Gesellschaft nebeneinander und miteinander.
Auch Markt und Medien mischen kräftig beim Setzen von Werten und Normen mit. Sie versuchen beispielsweise, die Absatzzahlen ihrer Produkte zu erhöhen, indem sie nicht die Produkte an sich, sondern die mit ihnen absichtsvoll verbundenen Werte verkaufen. Beispielhaft sei hier an die verantwortungsvolle und rührend besorgte Mutter erinnert, die ihren Kindern diese oder jene Süßigkeit gibt, um ihre Liebe und mütterliche Fürsorge auszudrücken. Diese Akteure füllen das Vakuum an Orientierung, das heute zum Teil besteht, mit Konsum aus.

Unser moralisches Urteilsvermögen, das sich an verinnerlichten Werten orientiert, entwickelt sich in der Auseinandersetzung mit den Erfahrungen in unserer Gesellschaft und in unserer Familie. Wir erhalten ein sicheres Gespür für ‚richtig' und ‚falsch' von Eltern, die selbst wissen, wie man sich in einer bestimmten Situation verhält. Kinder, denen solche Eltern und andere entsprechende Vorbilder fehlen, haben große Schwierigkeiten, ein starkes, sicheres Gewissen auszubilden.
Es stellt sich also die Frage, wer den Kindern Werte gibt, an die sie sich halten können – Werte, die es ihnen ermöglichen, ihre Stimmungen zu

kontrollieren und Enttäuschungen und Gefühle von Sinnlosigkeit zu bewältigen, die zum Leben dazugehören. Wir als Erwachsene, die mit der Erziehung der nächsten Generation betraut sind, haben hier eine hohe Verantwortung und sollten diese aktiv übernehmen, denn es gibt immer andere, die bereit sind, ein vorhandenes Vakuum für ihre persönlichen bzw. kommerziellen Interessen zu nutzen.
Beispielhaft dafür sind die Inhalte einiger Computerspiele, die – natürlich unerlaubt, aber leicht erreichbar – bereits unter Grundschülern kursieren. Wenn Firmen (bestehend aus einer Ansammlung von Erwachsenen) aus kommerziellen Interessen den Nervenkitzel bei diesen Spielen durch besondere Bestialität erhöhen und damit unseren Kindern extrem grausame Bilder zumuten oder ihnen unglaublich brutale und menschenverachtende Vorstellungen ins Gehirn geben, scheint uns, dass die Grenze der Menschlichkeit schon weit überschritten ist.
Eine friedliche, kooperative Basis des Zusammenlebens verträgt sich schlecht damit, dass einige wenige Menschen viel Geld verdienen, indem sie Computerprogramme schreiben, bei denen Kinder und Jugendliche (denn die kommen an diese Spiele!) wählen können, ob sie jemanden niedermetzeln, eine Frau brutal vergewaltigen oder ein Baby auf einem Spielplatz virtuell erschießen! Hier ist es dringend geboten, einmal darüber nachzudenken, was die Gehirne und Körper unserer Kinder bei solchen Aktivitäten und dem entsprechenden Anschauungsmaterial lernen und wie oft sie nach dem Motto „Übung macht den Meister" diese Lernvorgänge wiederholen! Dieses Extrembeispiel zeigt, mit welchen Einflüssen sich Kinder (und deren Umgebung) auseinandersetzen müssen, auch dann, wenn sie selbst diese Spiele nicht haben – ein Freund hat sie sicher! In solchen Produkten werden ebenfalls „Werte" vermittelt beispielsweise über Konfliktlösung und den Umgang mit anderen. Allerdings handelt es sich hierbei kaum um Werte, die auf ein demokratisches Miteinander abzielen.

Die Folge dieses Nebeneinanders von „Wertestiftern" ist eine Vielzahl an Werten und noch vielfältigere Auslegungen dieser Werte. Der Einzelne muss sich heute vermehrt mit folgenden Fragestellungen auseinandersetzen:

- Welche Werte werden von verschiedenen Seiten in unserer Gesellschaft angeboten?
- Welchen Regeln sind mit diesen Werten verbunden?
- Was ist denn nun die „richtige“ Art der Liebe und der Fürsorge?
- Was versteht man unter Stärke und Durchsetzungskraft?
- Wie geht man mit Konflikten zwischen eigenen und anderen Interessen um?

Bei der Beantwortung dieser Fragen gibt es große Spielräume, die zunehmend selbst gefüllt werden müssen. Das ist nicht immer eine leichte Aufgabe, weder für Kinder, noch für Eltern oder für pädagogische Fachkräfte. Die Freiheit, die wir hier haben, ist mit der Verantwortung, Stellung zu beziehen, verknüpft und führt Menschen, die beruflich oder privat mit Kindern zusammen sind, zu den folgenden zentralen Fragen:

– *Hinter welchen Werten stehe ich, für was möchte ich den Kindern ein Vorbild sein?*
– *Wie kann ich das im alltäglichen Verhalten umsetzen?*

Neben der Bereitstellung von Informationen und Übungen zur Förderung der emotionalen und sozialen Kompetenz bei den Kindern möchten wir die erwachsenen Leserinnen und Leser einladen, sich mit diesen wertbezogenen Fragen auseinanderzusetzen.

1.2 Unsere Position

Auch wir haben uns für dieses Buch noch einmal intensiv mit diesen Fragen befasst und überlegt, welche Haltung wir dazu vertreten. Wir kamen zu dem Ergebnis, dass für uns die Demokratie und die mit ihr verbundenen Werte und Fähigkeiten den zentralen Rahmen darstellt, hinter dem wir stehen und für den es wichtig ist, sich zu engagieren. Denn das ist bei allen konkreten Mängeln immer noch die bisher beste uns bekannte Art des Zusammenlebens und der umgesetzten Menschenwürde. Demokratie funktioniert nur mit einer hohen Toleranz, aber sie muss auch klare Grenzen setzen. Demokratie gründet auf Partnerschaft und Kooperation. Sie basiert darauf, dass Menschen miteinander reden und sich dabei mit Achtung begegnen, dass sie Konflikte gewaltfrei lösen und ihre verschiedenen

Bedürfnisse gegeneinander abwägen. Vielfältige Kompetenzen sind dafür nötig.
Der Bildungsforscher Wolfgang Edelstein beschreibt die Demokratie und die Gewalt als zwei entgegenstehende Prinzipien des menschlichen Zusammenlebens. Das Lernen und Leben von Demokratie fordert die Überwindung von Gewalt. Er definiert das demokratische Lernen und Leben als Aufgabe und Ziel von Erziehung, Schule und Jugendarbeit mit besonderem Gewicht. Dieser Sichtweise möchten wir uns anschließen. Die Förderung der emotionalen und sozialen Kompetenz und die Wertebildung verstehen wir als wichtige Schritte in diese Richtung.

1.3 Ziel des Buches

Das Buch zielt darauf ab, pädagogischen Fachkräften wie Erzieherinnen oder Lehrern und anderen Interessierten, also auch Eltern, Basiswissen zu diesen Bildungsbereichen zur Verfügung zu stellen und ihnen dann mittels Übungen, Spielen oder Anregungen Möglichkeiten anzubieten, sich selbst und mit den Kindern bewusst mit den verschiedenen Aspekten auseinanderzusetzen. Da die Entwicklung dieser Bereiche letztendlich ein lebenslanges Projekt ist, aber besonders in der Kindheit stattfindet, sollte sie möglichst früh und langfristig bewusst begleitet werden. Daher scheinen uns zeitlich begrenzte Trainings-Programme zwar als Impulse hilfreich, aber eine Beschränkung auf sie wenig sinnvoll zu sein, auch wenn sie im Kontrast zu einer langfristigen Förderung in Bezug auf ihre Wirkung wissenschaftlich eher erfasst werden können. Beispielsweise wird ein kurzfristiges Programm zur Förderung von sozialer Kompetenz, das in einem Kindergarten durchgeführt wurde, wenig nachhaltig sein, wenn die dabei gesammelten Erfahrungen und Erkenntnisse nicht immer wieder von der Erzieherin aufgegriffen und in den Alltag integriert werden.
Es soll also darum gehen, die Bildungsbereiche der emotionalen und sozialen Kompetenz und der moralischen Entwicklung als langfristige Aufgabe zu betrachten und Kinder in ihrem Entwicklungs- und Lernprozess zu unterstützen.

2. Persönlichkeit und Gemeinschaft

Wie wäre es, wenn wir Kinder hätten, die sich selbst mögen und sich im Zusammensein mit anderen wohl fühlen, die mit sich und ihrer Umwelt achtsam umgehen und Freude am Leben und am Lernen haben? Wenn sie zu Erwachsenen heranwüchsen, die später gerne Verantwortung in der Gesellschaft übernehmen, sich und anderen mit Achtung begegnen und ihre eigenen Kinder in diesem Geist erziehen würden?
Diese Vorstellungen erscheinen uns als eine gelungene Umsetzung der Aufgabe, die wir Erwachsene heute in unserer Gesellschaft haben. Sich zu einer eigenständigen, kommunikationsfähigen Persönlichkeit zu entwickeln, beinhaltet die eigene Gefühlslage und die eigenen Bedürfnisse wahrnehmen und ausdrücken zu können und in der Lage zu sein, konstruktive Beziehungen zu anderen herzustellen und zu erhalten. Selbstvertrauen und ein positives Selbstkonzept sind dabei ebenso wichtig wie die Wahrnehmung der anderen, die Fähigkeit sich in diese einfühlen zu können und das Akzeptieren von Grenzen – sowohl der eigenen als auch der von anderen.
Die Entwicklung der Persönlichkeit findet immer im Rahmen einer Familie bzw. einer umgebenden Gemeinschaft wie Verwandtschaft, Freunde oder Kindergarten, Nachbarschaft statt, die wiederum Teil einer größeren Gesellschaft ist. Auf diesen verschiedenen Ebenen des Umfeldes gibt es Werte und Regeln dazu, wie die Werte zu leben sind. Sie stellen die kulturellen Rahmenbedingungen dar, innerhalb derer sich die Persönlichkeitsentwicklung des Kindes vollzieht.

Ethische Bildung und der damit verbundene Werterahmen bieten dem Kind ein Fundament, auf dem es seine Sicht auf die Welt und auf den Menschen entfalten kann. Es hilft ihm, Antworten auf die Fragen nach Sinn und Deutung vor dem Hintergrund der jeweiligen weltanschaulichen oder religiösen Tradition zu finden. Eine Grundhaltung von Achtung, die die Akzeptanz von „Gleich“ und „Anders“ beinhaltet und dabei auf gegenseitigem Respekt fußt, ist die Voraussetzung für ein demokratisches und friedliches Miteinander.
Die Persönlichkeitsentwicklung eines Kindes vollzieht sich also in ständiger Wechselwirkung mit dem näheren und weiteren Umfeld. Das bedeutet,

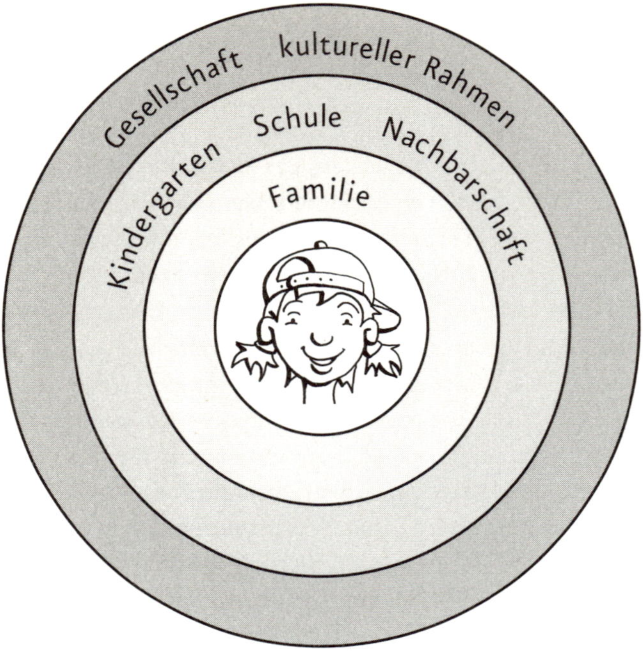

Abbildung: Kind in seiner Umwelt

emotionale und soziale Fähigkeiten entwickeln sich durch das Zusammenwirken von Kind und Umwelt, es ist kein einseitiger Bildungsprozess. Auf der einen Seite bringt das Individuum bestimmte Eigenschaften mit, die von seinen Anlagen, seinem Temperament, seinen Stärken und Schwächen geprägt sind. Auf der anderen Seite gibt es die Bedingungen seiner Umwelt, die für das Kind unterstützend und förderlich oder aber auch ungünstig bei der Entwicklung seiner Anlagen sein können.
Dieses zeigt sich beispielsweise bei der Herausbildung des Temperaments, mit dem Kinder ausgestattet sind. Während manche Kinder von Geburt an eher zu vorsichtigem, zurückhaltendem Verhalten neigen, zeichnen sich andere durch mehr Aktivität und Entdeckungsfreude aus. Beides ist weder gut noch schlecht, sowohl das eine wie das andere hat Vorteile und Nachteile. Diese Temperamentseigenschaften entfalten sich abhängig von Umwelteinflüssen, d. h. das zugrunde liegende Temperament kann sich in sehr verschiedener Weise ausbilden. Bei ungünstigen Entwicklungsbedingungen kann ein Kind mit einem eher zurückhaltenden Temperament in hohem Maße Angstbereit-

schaft und Rückzugstendenzen entwickeln. Ein Kind mit einem aktiven, entdeckungsfreudigen Temperament kann bei ähnlich ungünstigen Bedingungen im Umfeld zu aggressiven Tendenzen neigen. Die Wechselwirkungen gehen jedoch noch weiter, denn diese „Störungen der Affektregulation", also die ständige Angstbereitschaft oder die aggressiven Tendenzen wirken wiederum zurück auf den Kontakt mit anderen. Sie beeinträchtigen den „emotionalen Dialog" mit Bezugspersonen, was zu weiteren Problemen und Störungen in den sozialen Beziehungen führen kann. Auf diese Weise können sich so genannte Risikoprozesse entwickeln, die sich gegenseitig hochschaukeln und die Problematik bei der Person selbst und mit dem Umfeld verstärken. Im Zusammenhang mit der Entwicklung von personalen und interpersonalen Kompetenzen macht das Kind so viele negative Erfahrungen, z. B. der Ablehnung, des Verlusts oder der Ohnmacht, die alle auf sein Selbstkonzept und seine Vorstellung von sozialen Beziehungen zurückwirken. Ein Kind, das kaum Achtung erfährt, lernt nicht, sich und andere zu achten.

Auf der anderen Seite kann ein Kind bei einer unterstützenden Umgebung mit sicheren vertrauensvollen Bindungen eine hohe emotionale Kompetenz mit günstig entwickelten Temperamentseigenschaften aufbauen. Durch eine ‚gute Passung' gibt es einen positiven emotionalen Dialog mit den Bezugspersonen, der wiederum Anerkennung und Wertschätzung und damit eine positive Spirale zur Folge hat.

Die nahe Umwelt mit ihren vielleicht positiven oder aber auch wenig förderlichen Bedingungen spielt hier ebenso eine Rolle wie das größere Umfeld der Gesellschaft mit seinen Werten und kulturellen Gegebenheiten. Weiter nimmt die jeweilige aktuelle politische und gesellschaftliche Lage Einfluss auf das kindliche Leben. Beispielhaft ist hier die Situation von Migrantenkindern einer bestimmten Ethnie oder Kultur zu nennen, die aufgrund einer aktuell bestehenden konfliktreichen Situation in ihrer neuen Heimat von anderen abgelehnt werden. Auch diese kollektiv erfahrene Ablehnung trägt zur Entwicklung ihrer Persönlichkeit bei.

Erfahrene Ablehnung mit Achtung zu beantworten, erfordert umfassende Reifungsprozesse, die nicht als selbstverständlich erwartet werden dürfen.

Viele Faktoren beeinflussen also den wechselseitigen Bildungsprozess und formen in ihrer Komplexität die kindliche Lebensgeschichte und damit auch die Bildungsgeschichte, aus der heraus sich die Persönlichkeit des

Kindes entwickelt. Aus diesem komplexen Geflecht vielfältiger Entwicklungsprozesse möchten wir drei Bildungsbereiche herausstellen, die im Prozess der Persönlichkeitsentwicklung und bei dem Leben in einer Gemeinschaft von besonderer Bedeutung sind.
Es handelt sich dabei um die Bildungsbereiche der emotionalen, der sozialen und der moralischen Entwicklung. Natürlich gehören zu einer ganzheitlichen Bildung des Kindes noch weitere wichtige Fähigkeitsbereiche. Doch bilden gerade die hier angesprochenen Aspekte eine Grundlage, auf der die Entwicklung vieler anderer Fähigkeiten aufbaut. Werte sind beispielsweise das im Hintergrund tragende Gerüst einer Gemeinschaft und der Persönlichkeit des Menschen. Eine ausreichende emotionale Sicherheit und Selbstvertrauen sind eine wichtige Basis, auf der sich komplexere Denkleistungen entwickeln können. In einer Gemeinschaft aufgehoben und geachtet zu sein, befriedigt bedeutende Grundbedürfnisse und motiviert zu neuem Lernen. Es handelt sich also bei diesen drei Bildungsaspekten um Basiskompetenzen und -erfahrungen, die mitunter als solche zuwenig erkannt und gezielt miteinbezogen werden, denn sie erscheinen uns so selbstverständlich, weil sie vielen Handlungen zugrunde liegen. Doch gerade diese selbstverständliche Einbindung in Alltagssituationen macht deutlich, dass eine hohe Qualität im Umgang mit diesen Themen einen großen Einfluss auf viele andere Zusammenhänge hat. Das gilt umgekehrt natürlich auch. Eine niedrige Ausprägung der genannten Kompetenzen wirkt sich ebenfalls in vielen Lebensbereichen deutlich und in der Regel negativ für das Kind und seine Umgebung aus.
Es geht also darum, emotionale und soziale Kompetenz und die Wertebildung bewusster als bedeutsame Bildungsbereiche wahrzunehmen und entsprechend zu unterstützen.
Wie kann man diesen „weichen“ Fähigkeitsbereich (soft skills) nun konkret fassen und gezielt fördern?

Bevor wir uns der Beantwortung dieser Frage und den Fähigkeiten im Einzelnen genauer zuwenden, möchten wir zuerst noch einen Blick darauf werfen, wie diese wichtigen Themen in den Bildungsplänen zur Frühpädagogik enthalten sind, die zumeist bis zur Einschulung reichen, einige aber auch darüber hinausgehen wie beispielsweise der Bildungsplan von Thüringen, der sich bis zu dem Alter von zehn Jahren erstreckt.

3. Emotionale und soziale Kompetenz und Wertebildung in den Bildungsplänen

Die individuelle und gesellschaftliche Bedeutung von frühkindlichen Bildungsprozessen ist groß – diese Tatsache ist in den letzen Jahren zunehmend ins Blickfeld von Gesellschaft und Wissenschaft gerückt. Der Bildungsauftrag von Kindertageseinrichtungen wurde daher bundesweit diskutiert. Nachdem sich die Bundesländer über gemeinsame Bildungsziele im Elementarbereich verständigt hatten, wurde im Juni 2004 in der Kultusministerkonferenz ein „Gemeinsamer Rahmen der Länder für die frühe Bildung in Kindertageseinrichtungen" beschlossen. Der so entstandene Rahmen soll nun als übergeordnete Leitlinie im Bereich der frühen Bildung dienen, jedoch ist es Aufgabe der einzelnen Länder, die genauen Inhalte und deren Umsetzung jeweils zu erarbeiten.

Diese Länderzuständigkeit für Bildung hat zu den unterschiedlichsten Ergebnissen in den verschiedenen Bundesländern geführt. Die vorliegenden Bildungspläne unterscheiden sich sowohl in ihrem Umfang, der zwischen vierundzwanzig (Nordrhein-Westfalen) und knapp fünfhundert Seiten (Bayern) variiert, als auch in ihrem Ansatz. Beispielsweise wurde der Bayerische Bildungs- und Erziehungsplan überwiegend von Wissenschaftlern des Staatsinstituts für Frühpädagogik und weiteren Experten erarbeitet und nach einer praktischen Erprobungsphase entsprechend der Anregungen von pädagogischen Fachkräften überarbeitet und ergänzt. Er enthält umfangreiche theoretische Informationen auf verschiedenen Ebenen sowie Anregungen und Beispiele für die Praxis und ist als eine Art ‚Lehrplan' zur konkreten Umsetzung gedacht. Im Kontrast dazu wurde in Nordrhein-Westfalen ein anderer Weg gewählt: Das Land traf eine Bildungsvereinbarung mit den verschiedenen Trägern der Kita-Einrichtungen und stellte diesen eine „Handreichung zur Entwicklung träger- oder einrichtungsspezifischer Bildungskonzepte" zur Verfügung, die in knapper Form die Inhalte der frühkindlichen Bildung umreisst. Die vielen verschiedenen Träger des Landes, von der Arbeiterwohlfahrt über die Kirchen bis hin zum Deutschen Roten Kreuz entwickelten auf der Grundlage der „Handreichung“ eigene Bildungskonzepte. Wie der Bildungsauftrag in der pädagogischen Praxis inhaltlich und methodisch umgesetzt wird, ist hier in die Hand der Träger gelegt und wird entsprechend ihres Werterahmens und der Fachkompetenz des jeweiligen Personals mit Inhalt gefüllt.

Was bedeutet das nun aber für die Themen, mit denen wir uns hier beschäftigen?

Besonders in den Bereichen, um die es in diesem Buch geht, gibt es große Differenzen in den Bildungsplänen. Während die Bereiche Sprache, naturwissenschaftliche Bildung, ästhetische und musische Bildung sowie Bewegung in allen Bildungsplänen als Bildungsbereiche behandelt werden, gibt es in den Bereichen der emotionalen und sozialen Bildung sowie der Wertebildung deutliche Unterschiede.

Doch beginnen wir mit dem Rahmenplan der Kultusministerkonferenz:
Ziel ist hier die Persönlichkeitsbildung des Kindes, die alle Aspekte der Persönlichkeit umfassen soll. Besonders erwähnt werden die Entwicklung des Sozialverhaltens und die Bereitschaft und die Fähigkeit zu einer dem Alter entsprechenden Übernahme von Verantwortung.
Im Vordergrund steht „die Vermittlung grundlegender Kompetenzen und die Entwicklung und Stärkung persönlicher Ressourcen, die das Kind motivieren und darauf vorbereiten, künftige Lebens- und Lernaufgaben aufzugreifen und zu bewältigen, verantwortlich am gesellschaftlichen Leben teilzuhaben und ein Leben lang zu lernen“ (BdKK 2004, S. 3)

Nach diesen grundlegenden Zielsetzungen werden in sechs verschiedenen Bildungsbereichen die Themen der Bildung umrissen, die beachtet und gefördert werden sollen. Die personale Entwicklung, die das emotionale Lernen als bedeutenden Teil beinhaltet, und die soziale Entwicklung sowie die Werteerziehung und die religiöse Bildung stellen dabei einen dieser sechs Bereiche dar.

Auf der einen Seite spiegelt der Rahmenplan also das Verständnis von personaler, sozialer und moralischer Entwicklung als Basiskompetenzen wieder, die in allen Bildungsbereichen eine Rolle spielen, auf der anderen Seite sind diese Themen als eigener zu fördernder Bildungsbereich angeführt, in dem gezielt Kompetenzen erworben werden können und sollten! Diese beiden Ansatzpunkte schließen sich nicht aus, sondern im Gegenteil, sie ergänzen sich und sollten in der einen wie der anderen Weise berücksichtigt werden.

Für manche scheint diese ‚doppelte Besetzung' jedoch wenig verständlich. Auch in Gesprächen, die wir zu diesem Thema immer wieder führen, wird anfangs manchmal argumentiert, mit Gefühlen und sozialen Beziehungen umgehen, das macht man doch sowieso dauernd, dass bräuchte man daher nicht extra zu beachten oder gar zu fördern.

Diesem Argument möchten wir ein Beispiel aus einem verwandten Themenfeld gegenüberstellen, dem Themenbereich der Kommunikation. Stellen Sie sich vor, wie fünf Familien (alternativ: verschiedene KollegInnen oder Vorgesetzte), die sie kennen, miteinander kommunizieren. Wählen sie dabei positive und negative Beispiele aus und vergleichen Sie die Kommunikationsweisen. Wie wird überwiegend miteinander geredet? Wie ist die Wortwahl, der sprachliche Ausdruck? Gibt es überwiegend Zweiwortsätze oder werden Erlebnisgeschichten mitgeteilt? Werden Höflichkeitsformen wie Danke oder Bitte verwendet? In welchem Ton wird miteinander geredet? Was vermittelt die Körpersprache? Was sind die Ergebnisse der Kommunikation, wie fühlen sich die Beteiligten und wie handeln sie?

In der Regel wird bei diesem Vergleich deutlich, dass es sehr verschiedene Formen gibt, miteinander zu kommunizieren und dass sie zu sehr unterschiedlichen Ergebnissen führen. Manche Formen sind eher aufbauend und der Sache förderlich, um die es gerade geht, während andere Kommunikationsstile eher frustrieren, hemmen, Angst erzeugen oder schlicht demotivieren. Die bewusste Auseinandersetzung mit und das Training von Kommunikation ist daher in vielen Bereichen der beruflichen Bildung von Bedeutung, obwohl – oder gerade weil – Kommunikation an allen Situationen im Alltag beteiligt ist.

Ebenso wie mit mehr oder weniger Kompetenz kommuniziert werden kann, kann auch mit Gefühlen und sozialen Beziehungen kompetent oder weniger kompetent umgegangen werden. Emotionale und soziale Kompetenz sollte daher *gerade, weil* sie in alle anderen Bereiche hineinwirken besonders beachtet und gezielt gefördert werden, wie dies ja auch in dem Rahmenplan der Kultusministerkonferenz anklingt. Es macht also Sinn, sie als Basiskompetenzen in den verschiedenen Bildungsbereichen zu beachten und sie zusätzlich in einem eigenen Bildungsbereich zu behandeln.

In den einzelnen Ländern wird dieser Themenbereich nun unterschiedlich in den Bildungsplänen umgesetzt. Einige Beispiele wollen wir zur Verdeutlichung der verschiedenen Umgangsweisen anführen.
Im Bayerischen Bildungs- und Erziehungsplan wird beispielsweise explizit die Förderung der Basiskompetenzen, zu denen emotionale und soziale Fähigkeiten zählen, betont. Darüber hinaus gibt es fünf Bildungsbereiche, die in weitere Teilbereiche untergliedert sind. Der erste Bildungsbereich heißt: „Wertorientiert und verantwortungsvoll handelnde Kinder" und enthält als einen Unterpunkt „Wertorientierung und Religiösität" und zum anderen die Themen „Emotionalität, soziale Beziehungen und Konflikte" (S. 172 ff.). Das Thema Emotionalität wurde übrigens erst in der zweiten überarbeiteten Fassung als wichtiger Punkt ergänzt.
Gegenpol zu dieser Ausarbeitung der Themenfelder bildet ein Bildungskonzept eines Trägers in Nordrhein-Westfalen, das intern nach der Handreichung durch das Land erstellt wurde. In diesem in Bezug auf andere Themenbereiche engagierten Bildungskonzept gibt es neun Bildungsbereiche, die allerdings weder die emotionale und soziale Bildung noch das Thema Wertebildung benennen. Diese Bereiche sind zwar implizit in den einzelnen Beschreibungen enthalten, werden aber nicht deutlich ausgewiesen und entziehen sich so einer bewussten Beobachtung und gezielten Förderung.

An diesen beiden Beispielen wird der große Kontrast besonders deutlich, der in Bezug auf die Umsetzung dieses Themas besteht. Sie stellen die Extrempole dar, die wir noch durch einige Beispiele ergänzen wollen.
Der niedersächsische Orientierungsplan für Bildung und Erziehung im Elementarbereich formuliert zuerst allgemeine Ziele und Grundwerte der demokratischen Gesellschaft und anschließend Bildungsziele in acht Lern- und Kompetenzbereichen. Ein Bereich beinhaltet die Entwicklung von emotionalen und sozialen Kompetenzen, ein zweiter befasst sich mit ethischen und religiösen Fragen und thematisiert die Suche nach Orientierung, Wertmaßstäben und Wertvorstellungen von gelebter Demokratie (S. 14 ff.).

Anders ist der Bildungsplan in Mecklenburg-Vorpommern aufgebaut. Dort gibt es fünf Bildungsbereiche, in denen die Bildungsziele jeweils in den Persönlichkeitsbereichen der personalen, sozialen, kognitiven, körperlichen und alltagspraktischen Fähigkeiten beleuchtet werden. Die sozialen Fähigkeiten sind auf diese Weise in alle Bereiche hinein verwoben und sind auch Teil eines Bildungsbereichs. Emotionale Kompetenz und Werte oder religiöse Bildung werden nicht extra benannt (S. 25 ff.)
In Thüringen dagegen gibt es einen Bereich „Soziokulturelle und moralische Bildung", der die Bereiche der emotionalen und sozialen Entwicklung und die Wertebildung beinhaltet (S. 104 ff.). Abgesehen von dem gerade genannten Bildungsbereich der soziokulturellen und moralischen Bildung in Thüringen finden sich in den neuen Bundesländern sowie in den Städten die religiöse Bildung und die Wertebildung nicht explizit als Bildungsbereichen wieder, teilweise tauchen diese Aspekte aber in den Bereichen Kultur oder Gesellschaft auf. Im Gegensatz dazu werden in den Plänen der übrigen Bundesländer die religiöse Bildung und vielfach auch die Wertebildung explizit thematisiert wie auch beispielsweise in dem Orientierungsplan des Landes Baden-Württemberg. Hier werden wiederum sechs Bildungs- und Entwicklungsfelder unterschieden, von denen sich das fünfte auf „Gefühl und Mitgefühl" und das sechste auf „Sinn, Werte und Religion" beziehen (S. 109 ff.).

Zusammenfassend kann man also feststellen, dass die Bereiche der emotionalen und sozialen Entwicklung sowie die der Wertebildung in den Bildungsplänen für den Elementarbereich in verschiedener Weise berücksichtigt wurden, jedoch im überwiegenden Teil der Pläne in bedeutender Weise enthalten sind. Hier wird deutlich, was auch uns in unserer Arbeit ein wichtiges Anliegen ist, aber doch häufig hinter der Selbstverständlichkeit von Gefühlen, Beziehungen und Werten verschwindet:
Die emotionale, soziale und auch die moralische Entwicklung sind bedeutsame Bildungsbereiche in der kindlichen Entwicklung und sollten mit dergleichen Aufmerksamkeit, der gleichen Sorgfalt und dem gleichen Engagement bedacht werden wie beispielsweise die Sprachentwicklung.

4. Die Bildungsbereiche Emotionale Kompetenz, Soziale Kompetenz und Wertebildung

Emotionale und soziale Kompetenz und die moralische Bildung hängen als grundlegende menschliche Fähigkeiten eng zusammen. Emotionale und soziale Fähigkeiten werden innerhalb eines Rahmens entwickelt, der auf gemeinsam geteilten Werten und Überzeugungen beruht. Es geht unter anderem darum, Gefühle angemessen bei sich und anderen wahrnehmen und ausdrücken zu können, konstruktiv Beziehungen gestalten und Probleme lösen zu können sowie sich in einem Werterahmen zu orientieren, der Kooperation und ein demokratisches Miteinander anstrebt.
Die drei Themenbereiche sind nicht wirklich trennbar, sondern in vielfältiger Weise verbunden. Es gibt in ihrer Entwicklung vielfache Wechselwirkungen, sie stellen immer wieder Bedingungen füreinander dar und beeinflussen sich gegenseitig.
Zugleich ist es möglich, sie als jeweils eigene Bereiche mit einem deutlichen Schwerpunkt zu betrachten.
Vergleichbar ist dies mit der Metapher eines Theaters. Man kann auf die Bühne schauen, ein Blick hinter die Kulissen werfen, die Zuschauer beobachten oder den Inhalt des gerade gespielten Stückes analysieren. Überall gibt es verschiedene Aktivitäten, für die unterschiedlichste Fähigkeiten vonnöten sind. Zugleich sind die diversen Aktivitäten direkt aufeinander bezogen. Alle Bereiche und ihre Wechselwirkungen sind permanent vorhanden, auch wenn wir unsere Aufmerksamkeit nur auf einen einzelnen Bereich konzentrieren.

Die getrennte Wahrnehmung und Behandlung der einzelnen Bereiche hilft bei der Analyse von vorhandenen Fähigkeiten oder Defiziten. Darüber hinaus erlaubt sie die Planung, Durchführung und Bewertung von spezifischen Fördermaßnahmen.
Im Folgenden sollen die Themenbereiche daher einzeln ausgeführt werden.

4.1 Emotionale Kompetenz

Emotionen haben eine große Bedeutung bei der Entwicklung der Persönlichkeit und für das Zusammenleben in einer Gemeinschaft. Emotionen stellen für den Menschen ein überlebenswichtiges Bewertungsinstrument dar und wirken nach innen und nach außen.

Nach innen liefern sie die Entscheidungsgrundlage für das eigene Handeln und können je nach Gefühlszustand die Wahrnehmung und Beurteilung von Situationen verändern.

Nach außen sind Emotionen ein bedeutsames Ausdruckssystem für die Übermittlung von Informationen über die eigene Gefühlslage und deren Veränderung an andere Menschen. Die Mimik hat Signalwirkung, die bei der Kommunikation in Beziehungen eingesetzt wird.

Der Umgang mit Emotionen wird im Verlauf der Entwicklung erlernt und kann kompetent oder weniger gelungen sein. Beispielsweise mündet Zorn, der nicht mehr kontrolliert werden kann, häufig in gewalttätige Ausbrüche. Wenn jemand dagegen von Gefühlen der Trauer und Verzweiflung überwältigend wird und sie nicht mehr regulieren kann, nennt man das

als Störungsbild eine Depression. Diese und andere Negativbeispiele führen die Bedeutung der Emotionalen Kompetenz vor Augen, die vom Anbeginn unseres Lebens in der Gemeinschaft mit anderen entwickelt wird. Die Bildung der Gefühle und ein kompetenter Umgang mit ihnen ist daher eine wichtige Entwicklungsaufgabe in der Kindheit.

Emotionale Kompetenz bezeichnet die Fähigkeit, mit Gefühlen und Bedürfnissen umgehen zu können, für sich allein und im Zusammensein mit anderen. Emotional kompetente Kinder können vielfältige Gefühle unterscheiden, sie können ihre Gefühle angemessen ausdrücken und regulieren und sie können die Gefühle anderer Menschen erkennen und verstehen.

Dieser grundlegende Bildungsbereich, der auch eine wichtige Basis der Gewaltprävention darstellt, hat in den letzten Jahren wieder zunehmend an Bedeutung in der pädagogischen Diskussion gewonnen. Dabei ist er keineswegs neu, sondern fand bereits früher bei Pestalozzi unter dem Begriff der Herzensbildung und auch in den Erziehungswissenschaften Ende der 70er Jahre als sozio-emotionale Erziehung Beachtung.

Der Wissenschaftsjournalist Daniel Goleman machte das heute relativ bekannte Konzept der Emotionalen Intelligenz 1995 durch die gleichnamige Veröffentlichung populär. Er betonte darin die Bedeutung eines kompetenten Umgangs mit Gefühlen und trug verschiedene Forschungen zu dem Thema zusammen, die die Bedeutsamkeit der Emotionalen Intelligenz in verschiedenen Lebensbereichen belegten.

Im Jahr 1999 stellte Carolyn Saarni das entwicklungspsychologische Konzept der Emotionalen Kompetenz vor, das in vielen Aspekten mit dem der emotionalen Intelligenz vergleichbar ist. Es bezieht aber mehr das Miteinander und den situativen sozialen und kulturellen Kontext mit ein und ist daher für pädagogische Zusammenhänge noch interessanter. Nach Saarni ist das Kind eingebettet in soziale Beziehungen und ein bestimmtes kulturelles Umfeld. In diesem Rahmen erwirbt es Fähigkeiten zur Selbstwahrnehmung, zum Gefühlsausdruck, zur Kommunikation über Emotionen mit anderen, zur Regulation von Emotionen und zur „emotionalen Selbstwirksamkeit“, d. h. die Sicherheit, mit Emotionen umgehen zu können.

4.1.1 Emotionale Kompetenz nach Carolyn Saarni

Die Emotionale Kompetenz umfasst im Detail folgende Fertigkeiten, die natürlich entsprechend des Alters verschieden weit entwickelt sind (vgl. Saarni 1999 in: von Salisch 2002):

1) Wahrnehmen und Einordnen von eigenen Gefühlen und Bedürfnissen

Die Kinder spüren die Körpersignale und können sie zuordnen, sie können Gefühle voneinander unterscheiden. Die Kinder sind also achtsam in Bezug auf die eigenen Empfindungen. Sie sind sich bewusst über ihren eigenen emotionalen Zustand.

2) Erkennen des mimischen und gestischen Gefühlsausdrucks anderer Menschen

In diesem Bereich geht es darum, dass Kinder den Gefühlsausdruck eines anderen Kindes oder eines Erwachsenen einordnen und dabei verschiedene Ausdrucksformen und Intensitäten der aktuellen Gefühlslage wahrnehmen können. Untersuchungen zeigen, dass diese Fähigkeit bei beliebten Kindern sehr viel ausgeprägter ist als bei wenig beliebten Kindern. Die Kinder sind achtsam mit anderen und erkennen deren körpersprachliche Signale im Rahmen der bekannten Kultur, sie können sie „lesen".

3) Gefühle nonverbal und sprachlich ausdrücken können

Die Kinder können die eigenen Gefühle nach außen angemessen ausdrücken – das setzt die Kenntnis von kulturellen Regeln voraus, die in einer Gemeinschaft erlernt werden. In verschiedenen Kulturen gibt es ein unterschiedliches Ausdrucksverhalten, beispielsweise ist es in Japan im Vergleich zu Europa üblich, bestimmte Emotionen nicht oder deutlich verhaltener zu zeigen.
Im sprachlichen Bereich ist es für die Kinder wichtig, über ein möglichst vielfältiges Emotionsvokabular zu verfügen, um einerseits Gefühle einordnen und differenzieren und andererseits verbal über Gefühle kommunizieren zu können. Die Sprachförderung muss sich dringend mit diesem Themenbereich befassen, da hier die Grundlage für eine gewaltfreie Lösung von Konflikten gelegt wird.

4) Empathie – die Fähigkeit, sich in andere hineinzuversetzen und ihre Gefühlslage nachvollziehen zu können

Ein Kind kann die Perspektive eines anderen Kindes übernehmen, seine Gefühle nachvollziehen, es kann sich in die Situation eines anderen Kindes einfühlen. Diese Fähigkeit ist im sozialen Miteinander von hoher Bedeutung und natürlich baut sie auf den schon genannten anderen Fähigkeiten auf. Sie ist auch ein wichtiger Baustein, wenn es um Gewaltprävention geht.

5) Unterscheidung von innerem Erleben und äußerem Ausdruck eines Gefühls

Das Kind lernt, dass der äußere Ausdruck eines Gefühls nicht mit dem tatsächlich empfundenen Gefühl übereinstimmen muss, eine klassische Variante davon beschreibt der Ausspruch „ein Indianer kennt keinen Schmerz". Ein Kind fällt hin und stößt sich heftig an, steht aber wieder auf und zeigt den Schmerz nicht. Auch die gegenteilige Variante ist bekannt: ein Kind fällt hin und tut sich kaum weh, beginnt aber zu weinen, wenn ein Elternteil auftaucht. Der Gefühlsausdruck wird hier also bereits zu einem Teil gezielt gesteuert.

6) Umgang mit negativen Emotionen und Stress, Möglichkeiten zur selbstgesteuerten Regulierung von Emotionen

In diesen Bereich gehört das Wissen, dass Gefühle veränderbar sind. Kinder lernen, dass man auf Gefühle einwirken kann, sich beispielsweise beruhigen kann, indem man sich etwas vorsingt, damit man nicht soviel Angst hat oder sich selbst gut zuredet und sich Mut macht, um sich etwas Schwieriges zu trauen.

Die Kinder kennen beispielsweise verschiedene Ausdrucksformen von Wut, um sie angemessen in der jeweiligen Situation ausdrücken zu können. Auch Erfahrungen wie Trauer, Verlust oder Misserfolg müssen bewältigt werden. Der Rückgriff auf positive eigene Ressourcen, Hilfsangeboten von außen und Möglichkeiten, sich entspannen zu können, sind hier bedeutsam.

7) Bewusstsein darüber, dass zwischenmenschliche Beziehungen von der emotionalen Kommunikation bestimmt werden

Diese Fertigkeit erfordert die Erkenntnis, dass Gefühle unterschiedlich, und zwar in Abhängigkeit zum jeweiligen Interaktionspartner, mitgeteilt werden. Beziehungen werden also durch die Art der Kommunikation über Gefühle definiert oder organisiert. Dazu gehört auf der einen Seite das Wissen, dass die Mitteilung der eigenen Gefühle interpersonale Konsequenzen hat und nicht nur die andere Person, sondern die Beziehung selbst beeinflusst. Auf der anderen Seite gehört dazu die Fähigkeit, zwischen verschiedenen Arten von Beziehungen zu unterscheiden und die emotionale Kommunikation darauf abzustimmen. Kinder machen ab einem gewissen Entwicklungsstand deutliche Unterschiede in der Art und Weise, wie sie Gefühle mitteilen, zwischen Freunden, Geschwistern, der Mutter, dem Vater oder anderen Personen. Erwachsene drücken ihre Gefühle dem Chef gegenüber gänzlich anders aus als im Zusammensein mit der Freundin, dem Partner oder einem entfernten Bekannten. Die Art der emotionalen Kommunikation gestaltet den Beziehungsraum zwischen den Kommunikationspartnern

8) Die Fähigkeit zur emotionalen Selbstwirksamkeit

Das eigene emotionale Erleben wird akzeptiert, dabei werden negative Emotionen wie Wut oder Angst toleriert, aber nicht als überwältigend erfahren. Emotional selbstwirksame Menschen bemühen sich hier eher um eine Lösung der Situation, gehen also davon aus, die Situation gestalten zu können. Daher dürfen sie auch negative Gefühle zulassen und müssen sie nicht vermeiden. Die Kinder haben das Gefühl von einer relativen Kontrolle über das eigene emotionale Erleben in dem Sinne, dass sie es meistern und sich selbst dabei achten. Der Selbstwert ist nach Saarni das Herzstück der emotionalen Selbstwirksamkeit.

Ergänzend zu diesem komplexen Modell möchten wir hier noch den Aspekt einer eher optimistischen oder eher pessimistischen Sichtweise auf das Leben hinzufügen, den Goleman in seinem Konzept der Emotionalen Intelligenz beschreibt. Diese Eigenschaft der Persönlichkeit, die in bedeutender Weise die Wahrnehmung der Welt und den emotionalen Zustand beeinflusst, ist nach Ansicht der Forscher (z. B. Seligman 1993) ebenfalls lernbar.

4.1.2 Bedeutung der Emotionalen Kompetenz

Diese verschiedenen Schlüsselfertigkeiten weisen darauf hin, wie komplex das Wissen ist, das Kinder über Emotionen und den Umgang mit ihnen von klein auf erwerben. Sie zeigen darüber hinaus auf, warum die Emotionale Kompetenz so bedeutsam ist.

Unsere Gefühle beeinflussen in erheblicher Weise unser Verhalten und die Art, wie wir unsere Möglichkeiten nutzen. Wenn ein Kind häufig unsicher oder ängstlich ist, wird es seine kreativen Fähigkeiten weniger für ein bestimmtes Ziel einsetzen können, sondern viel Energie darauf verwenden müssen, sich zu sichern. Ein Kind dagegen, das sich sicher fühlt und über ein gutes Selbstvertrauen verfügt, kann dem Lernen von neuen Zusammenhängen mehr Aufmerksamkeit schenken und einer neuen Umgebung mit Neugier und Offenheit begegnen. Er erlebt sich häufiger als erfolgreich und das stärkt wiederum sein Selbstwertgefühl. So können sich aus verschiedenen vorherrschenden Gefühlszuständen positive und negative Kreisläufe entwickeln, die langfristige Folgen haben.

Emotionale Kompetenz hilft auch dabei, „richtige" Entscheidungen zu treffen. Um uns für oder gegen etwas entscheiden zu können, müssen wir unsere Gefühle und unsere Wünsche kennen. Wir müssen spüren, wann wir zufrieden sind, was uns gut tut und was nicht. Kinder werden bereits früh in Entscheidungsprozesse miteinbezogen und müssen zwischen verschiedenen Möglichkeiten wählen. Dazu ist es notwendig, dass sie ihre eigene Befindlichkeit und die eigenen Bedürfnisse klar spüren.

Inwieweit wir die Gefühle von anderen Menschen erkennen und verstehen können, bestimmt die Kommunikation, die wir mit ihnen haben. Wenn Gefühle bei anderen nicht erkannt oder anders als von ihnen gemeint interpretiert werden, gibt es oft Missverständnisse, man kann sich nicht sinnvoll aufeinander beziehen und redet oder handelt aneinander vorbei. Streit und Auseinandersetzungen sind dann – nicht nur bei Kindern – häufig die Folge.

Auch Grenzen müssen wahrgenommen und respektiert werden. Diese werden in der Regel zuerst über körpersprachliche Signale mitgeteilt. Das Anzeigen von Grenzverletzungen kann sich beispielsweise darin äußern, dass jemand einen Schritt zurücktritt, wenn ein anderer zu nahe kommt, die Arme verschränkt, unruhig wird und anfängt, hin- und herzurutschen oder sich auch der Klang der Stimme oder die Sprechgeschwindigkeit ändern. Wenn Grenzen nicht respektiert und immer wieder übertreten werden, können leicht Störungen in der Beziehung und Aggressionen entstehen, auch wenn die Grenzüberschreitung daran liegt, dass die Grenzen zuvor nicht wahrgenommen wurden.

Emotionale Kompetenz stellt also eine grundlegende Kompetenz dar, von der es abhängt, in welcher Qualität Kinder Beziehungen zu anderen Menschen erleben und gestalten können. Der Erwerb von emotionaler Kompetenz bildet die Basis der sozialen Kompetenz. Sie ist ebenfalls bedeutungsvoll für die Entwicklung von anderen weiterführenden Fähigkeiten. Petermann und Wiedebusch (2003) zeigen auf, dass eine hohe emotionale Kompetenz mit einer positiven sozialen und schulischen Entwicklung einhergeht. Umgekehrt stellt eine geringere emotionale Kompetenz einen Risikofaktor für schlechtere schulische Leistungen, Verhaltensauffälligkeiten und Suchtverhalten dar.

Darüber hinaus belegen neuere Erkenntnisse aus der Hirnforschung die enge Verknüpfung von Gefühlen und Denkleistungen und unterstreichen dadurch die Bedeutung der Fähigkeiten zum konstruktiven und differenzierten Umgang mit Emotionen. Emotionale Kompetenz wirkt sich also positiv auf die Lernfähigkeit und auf die Lernmotivation aus. Umgekehrt ist beispielsweise die Fähigkeit zu kreativem Denken stark eingeschränkt, wenn in einer Situation die Angstgefühle vorherrschend sind. Wenn Kinder beispielsweise lernen oder Probleme lösen sollen, während sie Angst haben, werden sie langfristig wesentlich schlechtere Ergebnisse vorweisen als Kinder, die mit Freude und in einer unterstützenden Atmosphäre lernen.

4.1.3 Wie entwickelt sich Emotionale Kompetenz?

Vom ersten Tag ihres Lebens an lernen Kinder den Umgang mit Emotionen von Vorbildern und in Beziehung zu Erwachsenen und anderen Kindern. Die Basisemotionen, zu denen Freude, Angst, Ärger, Traurigkeit, Überraschung und Interesse zählen, entwickeln sich bereits in den ersten Lebensmonaten. Für diese grundlegenden Gefühle kann in den verschiedenen Kulturen der Erde der gleiche mimische Ausdruck beobachtet werden. Auch blind geborene Menschen zeigen hier das gleiche Ausdrucksverhalten wie sehende Menschen.

Bedeutsam für eine positive Entwicklung der Emotionalen Kompetenz gerade am Anfang des Lebens ist eine sichere Bindung zu den wichtigen Bezugspersonen und ein befriedigender emotionaler Austausch. In diesem sicheren Rahmen kann sich Vertrauen herausbilden und die Emotionen können sicher erfahren werden.

Gegen Ende des zweiten Lebensjahres bilden sich die komplexeren Emotionen aus, zu denen Stolz, Scham, Mitleid, Neid, Verlegenheit und Schuld zählen. Um diese Gefühle empfinden zu können, muss ein Kind sozial anerkannte Verhaltensmaßstäbe kennen und sein Verhalten dazu in Beziehung setzen können. Die Fähigkeit zur emotionalen Perspektivenübernahme beginnt sich im zweiten Lebensjahr zu entwickeln und nimmt vor allem zwischen dem dritten und fünften Lebensjahr immens zu. Kinder können zunehmend zwischen eigenen Gefühlen und den Gefühlen von anderen unterscheiden, die Perspektive des anderen einnehmen und dessen Gefühle erkennen und mitempfinden. Mit den sprachlichen Fähigkeiten wächst auch das verbale Ausdrucksvermögen von Emotionen. Die Kinder verstehen zunehmend bestimmte Situationen als Ursachen von Emotionen. Sie lernen ab dem dritten Lebensjahr, das Erleben von Gefühlen von dem sichtbaren Ausdruck von Gefühlen zu unterscheiden.

Strategien, um Emotionen zu regulieren, müssen in den verschiedenen Altersstufen entsprechend der Zunahme und Vielschichtigkeit der erlebten Emotionen weiterentwickelt werden.
Im Lauf der Entwicklung werden die Gefühle zunehmend differenzierter und komplexer. Es gibt Situationen, in denen verschiedene Gefühle zur gleichen Zeit da sind und ein klares Verhalten kompliziert werden lassen. Häufig treten beispielsweise Wut und Trauer Seite an Seite auf. Gemischte Gefühle können für das Kind verwirrend sein. Sie können auch durch das Verhalten, das ein Kind in einer solchen Situation zeigt und das ohne eine differenzierte Wahrnehmung und Unterscheidung der verschiedenen beteiligten Gefühle unverständlich erscheint, zu einer Verwirrung bei anderen Menschen im Umfeld führen.
Kinder brauchen sichere Beziehungen und unterstützende Personen, die sie dabei begleiten, die inneren und äußeren Gefühlswelten zu erkunden und möglichst umfassende Fähigkeiten im Umgang mit Emotionen zu entwickeln. In einer immer komplexer werdenden Welt ist dies eine Schlüsselfähigkeit, die nicht vor dem Fernseher oder dem Computer erworben wird, sondern im emotionalen, verlässlichen Kontakt mit anderen Menschen.
In den ersten Lebensjahren sind die Eltern natürlicherweise die wesentlichen Bezugspersonen, jedoch kann mit zunehmendem Alter der Kinder auch das Fachpersonal im Kindergarten, in der Schule oder in anderen Einrichtungen hier einen entscheidenden Beitrag leisten.
Eine Förderung dieser Fertigkeiten ist gerade im Kindergarten und in der Grundschule sinnvoll, denn obwohl eine Entwicklung im emotionalen Bereich das ganze Leben über möglich ist, sind diese Fähigkeiten in der Kindheit besonders leicht zu erlernen. Die hier entwickelten Kompetenzen bilden eine Basis, auf der lebenslang aufgebaut wird.
Der Erwerb von emotionaler Kompetenz ist eine grundlegende Entwicklungsaufgabe in der Kindheit und eine wichtige Voraussetzung für die spätere Alltags- und Lebensbewältigung. Eine Investition in diesen Bildungsbereich ist daher von großer Bedeutung für die Zukunft der Kinder und für die Zukunft der Gemeinschaft.

4.2 Soziale Kompetenz

Von zentraler Bedeutung ist es in diesem Bildungsbereich der sozialen Fähigkeiten, ein gelungenes menschliches Zusammenleben zu erfahren und es zunehmend mitgestalten zu können. Es gilt, die nötigen Kompetenzen im Miteinander zu entwickeln, verschiedene Arten von Beziehungen zu unterscheiden, soziale Regeln auszuhandeln und den Umgang mit Konflikten zu üben.

Am Anfang des Lebens beginnt auch der Lernprozess in sozialen Beziehungen. Das Kind erlebt die Bindung zu seinen Bezugspersonen in einer spezifischen Qualität. Schon Kleinkinder ab einem Alter von ungefähr sechs Monaten interessieren sich für andere Kinder. Zwischen dem ersten und zweiten Lebensjahr nimmt das Interesse an anderen Kindern sichtbar zu. Häufig spielt dabei die Imitation eine große Rolle. Bei dem gemeinsamen Interesse für bestimmte Sachen kommt es auch immer wieder zu Konflikten. Die Kinder müssen mit den daraus entstehenden Gefühlen umgehen und Lösungen für die auftretenden Konflikte finden, was teils alleine und teils mit Hilfe der begleitenden Personen gelingt. Diese Auseinandersetzungen bieten bereits ein weites Lernfeld in Bezug auf die Schulung sozialer Fähigkeiten, die mit zunehmendem Alter und sich erweiterndem Handlungsspielraum immer komplexere Aspekte beinhalten und zu unterschiedlichen Erfahrungen in Beziehungen führen.

Immer wieder werden Beziehungen mit einem Tanz verglichen. In der Kommunikation geglückter Beziehungen gibt es einen positiven gegenseitigen Austausch, ein Hin und Her von verbalen und nonverbalen Signalen, der in das Gefühl von gegenseitigem Verstehen mündet, wenn eine zusammenpassende Choreographie entsteht. Der Grad an emotionaler Übereinstimmung, den Menschen in solch einer Situation empfinden, ist relativ hoch. Demgegenüber entwickeln sich Gefühle von Missverstehen, Meinungsverschiedenheit und Trennung, wenn die Passung zwischen den Kommunikationspartnern nicht erreicht werden kann.

4.2.1 Was versteht man unter sozialer Kompetenz?

Es gibt kein einheitliches Konzept der sozialen Kompetenz, denn dieser Begriff umfasst ein komplexes und daher schwer definierbares Feld. Bereits in den vorhergehenden Ausführungen wurde deutlich, dass die emotionale Entwicklung eine herausragende Rolle im sozialen Kontakt spielt. Auf der einen Seite bildet sie eine wichtige Grundlage für die Entwicklung von sozialer Kompetenz und auf der anderen Seite entwickelt sich auch der Umgang mit Emotionen in Beziehungen permanent weiter. Beide Bereiche sind also eng verflochten und voneinander abhängig.

Häufig wird prosoziales Verhalten, also die Bereitschaft, anderen zu helfen, im Zusammenhang mit sozialer Kompetenz genannt. Voraussetzung für das prosoziale Verhalten ist die Entwicklung von Mitgefühl und Perspektivenübernahme, also von Empathie.

Kinder, die über eine gute Fähigkeit verfügen, ihre Emotionen zu regulieren, haben ein deutlich höheres prosoziales Verhalten. Auch Kinder mit einem hohen Selbstwertgefühl verhalten sich häufiger prosozial.

Konfliktfähigkeit und Kooperationsbereitschaft sind bei Jens B. Asendorpf die bedeutsamen Komponenten von sozialer Kompetenz (2003). Sozial kompetente Menschen können diese beiden Fähigkeiten in der jeweiligen Situation so verknüpfen, dass es Ihnen möglich wird, eigene Ziele innerhalb sozialer Beziehungen zu erreichen, ohne die Beziehung zu gefährden.

Frei sein von sozialer Angst und die Verfügbarkeit über soziale Fertigkeiten sind nach Petermann und Petermann (1989, 1992) die zwei Voraussetzungen für sozial kompetentes Verhalten bei Kindern. Personen mit sozialer Angst versuchen den Aufenthalt in Situationen mit fremden Personen zu vermeiden. Daher ist das Nichtvorhandensein von sozialer Angst eine Voraussetzung für einen „kompetenten" Kontakt und eine gelungene Kommunikation mit anderen Menschen. Mit ihm ist zudem ein positives Selbstkonzept, also positive Vorstellungen von sich selbst in verschiedenen Bereichen, verbunden.
Als soziale Fertigkeiten werden Fähigkeiten der Wahrnehmung und der Rollenübernahme bezeichnet, die die Handlungsvoraussetzung in sozialen Situationen darstellen und je nach Ausprägung zur konstruktiven Interaktion und Selbstbehauptung führen können.
Daraus lässt sich ableiten, dass bei der Förderung der sozialen Kompetenz sowohl die Verbesserung des Selbstkonzeptes als auch die Förderung der sozialen Wahrnehmung und der Rollenübernahme berücksichtigt werden sollten.

Holtz (1994) definiert folgende Fähigkeiten als soziale Kompetenzen:

Die Ausdrucksfähigkeit: Man kann sich anderen verständlich machen und eigenes Wissen, Wünsche und Meinungen in eine Gruppe einbringen.

Die Fähigkeit, empfangen zu können: Man kann zuhören, andere Gruppenmitglieder beobachten sowie Ereignisse und Prozesse in der Gruppe wahrnehmen.

Die Bereitschaft zur Offenheit: Man ist offen für Anregungen, kann Kritik akzeptieren und ist bereit, sich mit anderen auseinanderzusetzen.

Die Fähigkeit zur Kooperation: Man kann eigene Handlungsmöglichkeiten und Verantwortlichkeiten erkennen und umsetzen und sich darüber hinaus auf die Handlungen von anderen einstellen und sich anpassen.

Die Fähigkeit zur Gestaltung: Man kann Beziehungen aufnehmen und gestalten, sich in einer Gruppe zurecht finden, entsprechend der jeweiligen Situation in passender Form Kritik üben und Prozesse in der Gruppe anleiten.

Fähigkeit zur Identifikation: Man hat ein Bewusstsein für die eigenen Möglichkeiten und Grenzen, kann sich gut auf andere einstellen, mit Konflikten situationsangemessen umgehen und zugleich eine gute Balance zwischen Engagement und Abgrenzung behalten.

Es wird an dieser Stelle bereits deutlich, dass es verschiedene Ansätze gibt mit einem jeweils etwas anderen Blick auf das Themenfeld, die ähnliche Fähigkeiten manchmal anderes bündeln oder benennen. Die verschiedenen, hier nur beispielhaft dargestellten Versuche, soziale Kompetenz zu beschreiben und die dazugehörigen Elemente zu definieren, können als sich ergänzende Sichtweisen des Themas gelesen werden. Teilweise werden die gleichen Fähigkeiten etwas anders beschrieben, teilweise gibt es unterschiedliche Aspekte.

Goleman bezeichnet die soziale Kompetenz als die hohe Kunst der Beziehungen. Er schildert einen knapp dreijährigen Jungen, der versucht, seinen älteren Bruder auf verschiedene Weisen vom Weinen abzubringen und so bewusst Einfluss auf dessen Emotionen zu nehmen. Der Kleinere hatte vorher selbst geweint, sich aber wieder beruhigen können und sich anschließend seinem Bruder zugewandt. Um einen solchen interpersonalen Einfluss entfalten zu können, müssen Kinder wie der kleine Junge in dem Beispiel ein Mindestmaß an emotionaler Selbstkontrolle bereits entwickelt haben, also im Ansatz die Fähigkeit, ihren Ärger, ihren Kummer oder ihre Erregung zu dämpfen. Um sich auf andere einstellen zu können, muss man ein gewisses Maß an innerer Ruhe erreicht haben. Der Umgang mit den Emotionen anderer setzt daher die Reifung von zwei anderen emotionalen Fähigkeiten voraus: Die Selbstbeherrschung oder auch die Emotionsregulation und die Empathie.

Hatch und Gardner (zit. nach Goleman 1997) machten die folgenden vier Fähigkeiten als Elemente der interpersonalen Intelligenz aus, die Goleman als „die sozialen Künste“ vorstellt:

Die Fähigkeit zur persönlichen Bindung

Hier geht es um das Herstellen, Ausbauen und Erhalten von Beziehungen. Wichtig ist dabei das Vorhandensein von Empathie, um mit anderen in Verbindung treten zu können, ihre Gefühle und Sorgen zu erkennen und jeweils angemessen zu reagieren. Kinder, die diese Fähigkeit besitzen, kommen mit vielen anderen gut aus. Sie können leicht mit andern in Kontakt treten und zu Gruppen bereits spielender Kindern hinzukommen. Sie sind gut darin, Emotionen am Gesichtsausdruck abzulesen und sie werden meist von den anderen Kindern geschätzt.

Die Fähigkeit zur sozialen Analyse

Sie beschreibt die Fähigkeiten, Gefühle, Motive und Anliegen anderer zu verstehen. Wieder wird hier die enge Verflechtung von emotionaler und sozialer Kompetenz deutlich. Nur wer die eigenen Gefühle kennt und durch dieses Wissen befähigt ist, bei anderen Gefühle differenziert wahrzunehmen und diese mit einem entsprechenden Wortschatz auszudrücken, kann eine hohe soziale Kompetenz ausbilden. Die Wechselbeziehung ist aber auch umgekehrt wirksam. Wer viele soziale Kontakte hat, lernt mehr über verschiedene Menschen und ihre Gefühle. Positive Kontakte stärken das Selbstwertgefühl und machen den Kindern Mut, sich in neue Situationen zu wagen, in denen sie wiederum erweiternde Gefühlserfahrungen machen können. Durch das Verständnis der Gefühle und Anliegen von anderen kann zwischen den Kindern ein Gefühl von Vertrautheit und Nähe entstehen.

Die Fähigkeit, Lösungen auszuhandeln

Im Mittelpunkt steht hier die Fähigkeit des Vermittlers, der Konflikte verhindert oder entstandene Konflikte lösen kann. Kinder mit dieser Fähigkeit können sich in der Regel in die verschiedenen beteiligten Parteien einfühlen. Es gelingt ihnen, Streitigkeiten zwischen Spielkameraden zu schlichten oder beizulegen. Die Suche nach Lösungen und Kompromissvorschlägen ist immer auch mit einem kreativen Potential verbunden, das sie zur Verfügung haben.

Die Fähigkeit, Gruppen zu organisieren

Es gibt Menschen, für die es leicht ist, auch eine größere Anzahl von anderen Menschen zu koordinieren und zu organisieren. Sie haben „Führungseigenschaften". Ein Kind, das über Talent in diesem Bereich verfügt, ergreift oft beim Spielen die Initiative. Es wird häufig der Mannschaftskapitän und entscheidet mit darüber, was gemeinsam gespielt werden soll.

Insgesamt wird bei den verschiedenen vorgestellten Ansätzen deutlich, wie viele einzelne Fähigkeiten auf unterschiedlichen Ebenen nötig sind, um Beziehungen angemessen zu gestalten. Kompetenzen auf einer Altersstufe können sich als Inkompetenzen auf einer anderen Altersstufe erweisen, was verdeutlicht, dass es sich bei dem Erwerb von sozialer Kompetenz um eine Entwicklungsaufgabe handelt. Sie wird im Entwicklungsverlauf zunehmend komplexer. Wenn bestimmte Grundlagen fehlen, wirkt sich das massiv beim Einzelnen und in der Gemeinschaft aus.

4.2.2 Soziale Kompetenz im Kulturkreis oder sozialen Milieu

Die Definition von sozialer Kompetenz ist unter anderem auch deshalb schwierig, da sich der Begriff sowohl auf die Fähigkeiten des Individuums bezieht als auch auf die situativen Anforderungen innerhalb eines bestimmten Milieus oder Kulturkreises. In unterschiedlichen Kulturkreisen, aber auch in unterschiedlichen Milieus innerhalb eines Kulturkreises können bei vergleichbaren situativen Anforderungen verschiedene Verhaltensweisen von einer Person erwartet und diese dadurch als kompetent interpretiert werden. Wie das im Alltag aussehen kann, zeigt folgendes Beispiel:

Stellen wir uns eine Jungengruppe eines bestimmten Milieus vor, in der es als normal angesehen wird, Konflikte körperlich auszutragen. Zwei Jungen streiten sich darüber, wer heute das Spiel bestimmen darf. Es beginnt eine Rauferei, in der einer der beiden obenauf ist. Der Sieger darf nun das Spiel bestimmen. Die körperliche Durchsetzung wird hier von allen als legitimes Mittel der Konfliktlösung akzeptiert, der Sieger wird für seine körperliche

Kraft bewundert. Nehmen wir an, dieser Junge kommt nun in eine Gruppe von Jungen mit einem anderen Werte- und Regelrahmen. In dieser Gruppe gehen alle davon aus, dass Konflikte verbal ausgetragen werden. Körperliche Auseinandersetzungen sind in diesem Rahmen verpönt. Bei der ersten Meinungsverschiedenheit greift unser Junge nun zu seinem bewährten Mittel und beginnt eine Rauferei. Die anderen sind entsetzt und er wird aus der Gruppe ausgeschlossen.

Während dieses Kind in dem ersten Bewertungsrahmen als ganzer Kerl angesehen wird, der sich prima durchsetzen kann und damit über wesentliche Fähigkeiten im Sozialkontakt verfügt, gilt er in dem zweiten Bewertungsrahmen als Kind mit aggressiven, gewalttätigen Tendenzen und einem unmöglichen Sozialverhalten.

Ein Verhalten, das eine Person innerhalb eines Milieus als sozial kompetent ausweist, kann somit durchaus in einem anderen Milieu oder Kulturkreis als inkompetent bewertet werden. Zum einen wird mit diesem Beispiel deutlich, dass es eine genaue Festlegung von Verhaltensweisen, die als sozial kompetent angesehen werden, grundsätzlich nicht geben kann, sondern dass immer die spezifische Situation und das Milieu und der kulturelle Kontext beachtet werden müssen. Zum anderen kommt hier die enge Verbindung von sozialer Kompetenz und Kultur und der mit ihr jeweils verbundenen Werte und Normen in den Blick.

Daher kann die interkulturelle Kompetenz als eine Art erweiterte Sozialkompetenz verstanden werden. Hier geht es ebenfalls darum, auf der Grundlage des Wissens über eine andere Kultur und den mit ihr verbundenen Bräuchen und Besonderheiten Beziehungen konstruktiv zu gestalten.

4.2.3 Selbstkonzept, Fähigkeit zur Reflexion und Selbstwertgefühl

Nach Gardner (1991) bezieht sich das Erziehungsziel „soziale Kompetenz“ nicht auf ein allgemeines, kindlich-naives Wohlverhalten der Menschen untereinander, sondern es geht um ein sozial intelligentes, reflexives und zugleich selbstkritisches Verhalten des Einzelnen sowohl in Bezug auf seine eigene Person als auch im Kontext seines Handels innerhalb des Freundeskreises, der Familie, der Schule und der Gesellschaft.

Eine bedeutsame Grundlage für eine hohe soziale Kompetenz ist ein positives Selbstkonzept, das aus einem guten Selbstwertgefühl durch entsprechende wertschätzende Erfahrungen in Beziehungen und eigene Erfolgserlebnisse entsteht und zu einem hohen Selbstvertrauen führt. Umgekehrt gilt aber auch, dass ein wenig wertschätzendes Verhalten einem Kind gegenüber und permanente Misserfolgserlebnisse sein Selbstwertgefühl untergraben. Das Kind erlebt sich in einem solchen Fall als wenig wertvoll. Stattdessen macht es Erfahrungen, die ihm sagen, dass es unbedeutend für andere Menschen, „schlecht“ oder fehlerhaft ist oder stört. Dazu gesellt sich das Gefühl, wiederholt zu versagen und ohnmächtig zu sein, was die Entstehung eines Gefühls der Selbstwirksamkeit verhindert. Die Inhalte des Selbstkonzeptes eines solchen Kindes unterscheiden sich erheblich von dem positiven Selbstkonzept eines Kindes, das Achtung erfahren hat, und machen deutlich, dass hier große Unterschiede bereits bei den Grundvoraussetzungen zum Erwerb weiterer Kompetenzen bestehen. Diese keineswegs neuen Einsichten in die Zusammenhänge der Persönlichkeitsbildung sollen die Aktualität und Bedeutung der Förderung an dem zentralen Thema der Wertschätzung und eines positiven Selbstkonzepts unterstreichen. An erster Stelle sind hier natürlich die Eltern gefragt, aber auch das pädagogische Personal verschiedener Einrichtungen wie Kindergarten und Schule können manchmal in größerem, manchmal in kleinerem Umfang zu einer Weiterentwicklung der Sozialkompetenz und einer Kultur der gegenseitigen Achtung beitragen.

4.3 Werte und moralische Entwicklung

Was ist gut oder schlecht, richtig oder falsch? Welche Werte prägen das Umfeld, in dem wir leben und arbeiten und in dem unsere Kinder in den Kindergarten oder in die Schule gehen?
Pluralität und Multikulturalität bedeutet nicht Beliebigkeit. Zu Toleranz gehört dazu, dass die eigenen Grenzen und die des anderen geachtet werden. Gegenseitiger Respekt beinhaltet auch, Stellung zu beziehen und sich für etwas einzusetzen und nicht eine gleichgültige Laisser-faire-Haltung einzunehmen. Einen eigenen Standpunkt haben und ihn klar zu vertreten und zugleich das Gegenüber zu achten und offen für seine Argumente zu sein, dies sind Grundlagen eines demokratischen Prozesses, den es in unserer Gesellschaft zu pflegen und zu bewahren gilt und dessen Grundlage nicht eine wie auch immer geartete Überlegenheit, sondern die gegenseitige Achtung ist.
Der Begriff „Erziehungsunsicherheit“ ist seit einiger Zeit immer wieder zu hören. Zumeist werden Eltern in diesem Zusammenhang beschrieben, aber auch professionelle Fachkräfte sind im Zeitalter der vielfältigen Expertenmeinungen und der massiven Einflussnahme der Medien immer wieder auf der Suche nach einer klaren Richtung. Wenn sich gesellschaftliche Bedingungen ändern, muss auch hier eine Neujustierung erfolgen. Die Auseinandersetzung mit Werten und ihrer Umsetzung im Alltag kann dabei helfen, sich klar zu orientieren.

4.3.1 Werte

Um sich im Leben zielgerichtet verhalten zu können, müssen Menschen sich an etwas orientieren. Werte sind dabei Maßstäbe, die bei der Orientierung helfen. Werte bestimmen das Handeln und ermöglichen Entscheidungen über passende Handlungsweisen in alltäglichen und nichtalltäglichen Situationen.

Werte sind das Ergebnis einer vollzogenen Wertung. Sie sind bewusste oder unbewusste Vorstellungen des Erwünschten auf einer allgemeinen Ebene, die durch Normen, also direkte Verhaltens- und Handlungsregeln, konkretisiert werden.

Werte lassen sich verschiedenen Bereichen zuordnen. Es gibt zum Beispiel ethische Werte wie Menschenwürde, Aufrichtigkeit oder Menschlichkeit; politische Werte wie Mitsprache, Demokratie oder Toleranz; Werte, die mit Gütern zusammenhängen wie der Umgang mit der Zeit oder der Umgang mit Essen oder ästhetische Werte, die z. B. in der Raumgestaltung nach ästhetischen Prinzipien oder in einem sorgsamem Umgang mit der Sprache zum Ausdruck kommen. Diese und weitere Werte spiegeln sich unter anderem in der pädagogischen Praxis durch das tägliche Handeln im Zusammensein mit Kindern oder Erwachsenen wieder.

Werte bilden einen Minimalkonsens, eine „gemeinsame Klammer", in einer Gesellschaft. Die demokratische und pluralistische Gesellschaft, in der wir heute leben und in der viele verschiedene Lebensformen nebeneinander bestehen, bedeutet nicht, dass es keine verbindlichen Regeln mehr gibt, dass alles möglich und jede Grenze auflösbar ist. Gewisse Grundwerte und mit ihnen verbundene Verhaltsweisen sind als Basis für das Bestehen einer Gemeinschaft wichtig. Genannt werden können beispielsweise Offenheit, Rücksichtnahme, Gerechtigkeitssinn, Kompromissbereitschaft, Fairness, Dialogfähigkeit, Selbst- und Mitverantwortung, Unvoreingenommenheit, aber auch Nüchternheit, Zivilcourage und die Bereitschaft, an der Bewahrung der freiheitlichen, demokratischen Grundordnung mitzuwirken.

Eine Demokratie und die dazu benötigten Fähigkeiten bei den Menschen, die in einem solchen politischen System leben, sind nicht selbstverständlich, auch wenn wir das heute oft so annehmen. Sie fallen uns nicht einfach in den Schoß, sondern es sind sowohl die Bereitschaft, sich an die dazugehörigen Werte zu halten, wie auch ein Engagement für sie nötig. Ein bestimmtes Verständnis für komplexe Zusammenhänge, Geduld für längere Entscheidungsprozesse sowie die Akzeptanz von Mehrheitsentscheidungen gehören dazu. Ebenso stellen bestimmte Fähigkeiten wie beispielsweise die der Kommunikation oder der Konfliktlösung für demokratische Prozesse eine Voraussetzung dar.
Auch für diesen „Bildungsbereich" der demokratischen Befähigung beginnen die Lern- und Entwicklungsprozesse im frühen Kindesalter. Ob in einer Gesellschaft das Recht des Stärkeren gilt oder aber die Würde des Menschen den Handlungsweisen zugrunde liegt, ist etwas, dass Kinder sehr früh verstehen. Sie werden ihre Handlungsweisen nach diesen Maßstäben ausrichten.

In einer Gesellschaft gibt es also Grundwerte oder Primärwerte, die als höchste handlungsleitende Werte für das Fortbestehen der Gemeinschaft eine zentrale Bedeutung haben. Die Basis unserer Gesellschaft bilden die Grundwerte Gleichheit, Recht auf Leben und körperliche Unversehrtheit, Religions- und Meinungsfreiheit sowie das Recht auf die freie Entfaltung der Persönlichkeit. Sie sind in der Verfassung als Grundwerte verankert.
Mit dem heute etwas verstaubt wirkenden Begriff der Tugenden sind sittliche Grundhaltungen gemeint, die die Lebensführung der einzelnen Menschen leiten. Der Begriff der „Haltung" weist darauf hin, dass der einzelne Mensch über die immer wieder neu sich bietende Freiheit der Entscheidung hinaus in seinem Leben auch auf eine gewisse Kontinuität und Selektivität seines Handelns angewiesen ist. Die Grundhaltungen eines Menschen sollen das Handeln natürlich nicht verfestigen oder gar mechanisieren, sondern einen Rahmen für konkrete Verhaltensweisen bieten. Dabei ist der einzelne Mensch als Person in seiner Gesamtheit mit seinem Verstand, seinem Gewissen und seiner Verantwortung gefordert. Allerdings ist auch immer im Blick zu behalten, dass es um eine Balance zwischen verschiedenen Grundhaltungen gehen muss. Beispielsweise können solche Sekundärtugenden wie Fleiß, Ordnung und Disziplin mehr als fragwürdig sein, wenn damit eine Primärtugend wie die Gerechtigkeit in

Frage gestellt wird. Bei den Sekundärtugenden insgesamt, die auch als bürgerlich-ökonomische Tugenden bezeichnet werden, kann sich Sinnvolles schnell in sein Gegenteil verkehren: Ordnungsliebe kann leicht zu Zwanghaftigkeit und Starre werden, Pünktlichkeit zur Pedanterie, Reinlichkeit zu Waschzwang und Hygienefimmel, Sparsamkeit zu kleinlichem Geiz, Fleiß zu Strebertum und lebensfeindlicher Arbeitswut.

Dennoch können Sekundärtugenden nach wie vor durchaus wünschenswert sein, sollten aber nicht unabdingbar als Handlungsleitlinie gelten. Zu diesen Sekundärtugenden zählen beispielsweise auch noch Zuverlässigkeit, Loyalität, Kritikfähigkeit, Toleranz, Selbstverwirklichung und ähnliche Wertvorstellungen.

Ein Mensch bleibt im Laufe seiner persönlichen Entwicklung entweder in Übereinstimmung mit seiner Gruppe, indem er sich dem bestehenden Wertekonsens anschließt, oder er positioniert sich außerhalb der vorgegebenen Ordnung. Darüber hinaus kann er Werte auch modifizieren, indem er versucht, innerhalb der Regeln Veränderungen vorzunehmen. Aus einem historischen Blickwinkel wird deutlich, dass Grundwerte und Tugenden dem gesellschaftlichen und kulturellen Wandel unterworfen sind. Auf diesen Aspekt wird ausführlicher im Exkurs „Werte und Normen – Ein Blick in die Geschichte" eingegangen.

4.3.2 Normen

Normen sind Verhaltens- und Handlungsregeln, die beschreiben, wie allgemein anerkannte Werte in konkreten Handlungen ausgeformt werden. Sie gewährleisten damit die Funktion einer Gruppe, z. B. einer Familie oder Kindergartengruppe, oder einer Organisation wie z. B. einer Kindertagestätte oder Schule. Während Werte also allgemeine Übereinkünfte einer Gesellschaft darstellen, sind Normen spezielle Übereinkünfte über den tatsächlichen Vollzug dieser Werte.

Normen sind nicht alle in gleicher Weise verbindlich. Es gibt Muss-, Soll- oder Kann-Normen. Muss-Normen sind häufig mit Rechten verbunden. So hat der Mensch wie oben schon angesprochen das Recht auf körperliche Unversehrtheit. Wenn dieses beispielsweise bei einer Schlägerei gebrochen wird, macht sich die zuschlagende Person der Körperverletzung strafbar und kann deshalb verurteilt werden, sobald sie strafmündig ist. Oder ein weiteres Beispiel: Zum Schutz der Persönlichkeit gibt es in manchen Berufsgruppen die Schweigepflicht als Norm. Auch diese ist nicht nur eine moralische Verpflichtung, sondern muss vom Gesetz her eingehalten werden, sie ist also eine Dienstpflicht und garantiert das Recht auf den Schutz der Persönlichkeit. Demgegenüber gibt es Soll-Normen, zu denen beispielsweise die Hausordnung einer Einrichtung zählt. Diese Normen sollten eingehalten werden, aber hier sind auch Ausnahmen möglich. Zuletzt gibt es die Kann-Normen, beispielsweise die Erwartung, dass jemand, der im pädagogischen Bereich arbeitet, dieses auch engagiert tut, sich auch über die Arbeit hinaus für dieses Thema interessiert und neue Impulse oder Erkenntnisse in seine Arbeit einbringt. Diese Erwartung kann nicht definitiv eingefordert werden, ist aber in einer Gemeinschaft erwünscht.

Werte und Normen geben sozialem Handeln einen Sinn. Sie haben Orientierungs- und Integrationsfunktion und werden durch Sozialisationsinstanzen wie Eltern, Kindergarten und Schule, aber auch zunehmend durch die Medien vermittelt und begleiten Kinder bei ihrer moralischen Entwicklung.
Sie geben den Maßstab vor, mit dem eine Bewertung in die Kategorien von „richtig“ und „falsch“ vorgenommen wird. „Das tut man“ oder „Das tut man nicht“, diese Informationen bekommen Kinder von Anfang an.

Exkurs: Werte und Normen – Ein Blick in die Geschichte

Werte und Normen sind unter geistesgeschichtlicher Perspektive in der Philosophie oder in Religionen begründet.
In der Antike fragten die Menschen nach dem höchsten Gut, dass ein Mensch anstreben soll um Erfüllung zu finden. In Aristoteles Tugendlehre haben Vernunft und Einsicht einen hohen Stellenwert. Die Klugheit sorgt dafür, die richtigen Mittel und Wege zu erkennen, die zum Guten führen. Das Handeln soll nicht von blinden Leidenschaften, sondern vom sehenden Verstand geleitet werden. Ethische Tugend ist für Aristoteles die Mitte zwischen zwei Extremen, also beispielsweise die Tapferkeit, die zwischen Feigheit und Tollkühnheit steht. Gerechtigkeit und Freundschaft sind für ihn wesentliche Werte, die eine hohe Bedeutung für eine Gemeinschaft haben.
Mit der Demokratie („Volksherrschaft") wurde in der Antike eine neue Herrschaftsform geschaffen. Sie unterschied sich allerdings von unserem heutigen Demokratieverständnis, denn nur ein kleiner Teil der Bevölkerung übte damals die Herrschaft aus: die freien Männer. Nur sie galten damals als Bürger. Frauen, Sklaven und Fremde waren von der Mitbestimmung ausgeschlossen.

Bereits in der jüdischen Religion gab es die zehn Gebote als Leitlinie des Handelns im Alltag, die auch für das Christentum zentral sind. Einen bedeutenden Platz nimmt die Liebe, besonders die Nächstenliebe, und die Balance zwischen der Liebe zu Gott, zum Nächsten und zu sich selbst als Wertmaßstab für das Handeln ein.
Das Christentum bestand anfangs neben anderen religiösen Traditionen und heidnischen Bräuchen und Vorstellungen und breitete sich im Mittelalter zunehmend aus. Im Verlauf der Zeit kam zu einer immer engeren Verbindung von kirchlicher und weltlicher Macht.
Im Absolutismus des ausgehenden Mittelalters besaß der König die gesamte, die absolute Macht. Glaube und Gehorsam waren jetzt zentral und fest aneinander geknüpft. Der Sonnenkönig Ludwig XIV., der nach der damaligen Sicht von Gottes Gnaden eingesetzt war, brachte die enge Verbindung von Kirche und Staat und den daraus abgeleiteten Absolutheitsanspruch in dem Satz „Der Staat bin ich" auf den Punkt.

Die Aufklärung bildete eine neue geistige Strömung in Europa, in der das christlich geprägte Weltbild des Mittelalters überwunden wurde. Bisher als absolut geltende christliche Lehrsätze und Glaubensvorstellungen sowie die Rolle des Herrschenden im Staat wurden kritisch hinterfragt. Nicht der Glaube, sondern der Verstand rückte nun als Wertmaßstab in den Vordergrund. Die zwei neuen Maßstäbe der Aufklärung, die das Handeln zunehmend bestimmten, waren jetzt die Vernunft und die Befreiung des Menschen aus der Abhängigkeit von Kirche und Staat. In der französischen Revolution wurden sie aufgenommen und radikal umgesetzt. Handlungsleitend sind nun die Leitwerte „liberté, egalité, fraternité" oder auch „Freiheit, Gleichheit, Brüderlichkeit", die sich heute in vielen Verfassungen wieder finden.

Auch in unser Grundgesetz wurden diese Werte aufgenommen und finden sich in der Idee der Menschenwürde und in den Persönlichkeitsrechten wieder. Ein demokratischer Staat zeichnet sich durch Wertepluralismus aus, d. h. es gibt mehrere gültige Werte nebeneinander, die sich im täglichen Leben teilweise auch widersprechen können. Es müssen also Verfahren und Möglichkeiten zur Konfliktlösung zur Verfügung stehen.

Manche beklagen heutzutage einen Werteverfall zum Beispiel dadurch, dass Vorbilder fehlen oder sich Familienstrukturen zunehmend auflösen, andere sprechen von einer Werteverschiebung. Während früher Pflicht- und Gemeinschaftswerte wie Fleiß, Gehorsam, Rücksichtnahme als allgemein verbindlich angesehen wurden, würden nun postmaterialistische Werte wie Selbstverwirklichung, Durchsetzungsfähigkeit oder eine besondere Konsumorientierung im Vordergrund stehen. Die Shell-Jugendstudie von 2002 zeigt jedoch einen anderen Trend, der in der aktuellen Studie von 2006 weiter bestätigt wird: In den Lebensorientierungen junger Menschen vermischen sich moderne und traditionelle Werte. Auf Beziehung bezogene Werte wie Familie, Freundschaft, Partnerschaft sowie die Eigenverantwortung sind „in", Kreativität, Sicherheit und Ordnung werden als wichtig eingestuft. Darüber hinaus befinden sich die Tugenden Fleiß und Ehrgeiz weiter im Aufwind.

4.3.3 Wie verläuft die moralische Entwicklung?

Kinder lernen moralisches Denken und Handeln in einem schrittweisen Prozess. Sie werden dabei von verschiedenen Einflüssen geprägt. Das Elternhaus spielt eine entscheidende Rolle, aber auch Kindergarten und Schule und die Freunde in der Nachbarschaft prägen die Erfahrungen des Kindes. Im Verhalten der Menschen der nahen Umgebung spiegeln sich die Werte der Kultur, die aktuellen gesellschaftlichen Bedingungen und die Rassen-, Religions- und Schichtzugehörigkeit wieder.

Robert Coles (1998) bezeichnet die sich allmählich entwickelnde Fähigkeit, zwischen richtig und falsch, gut und böse zu unterscheiden als moralische Intelligenz.
„Moralische Intelligenz erwirbt man nicht durch das Auswendiglernen von Regeln oder Vorschriften oder durch abstrakte Schuldiskussionen und häuslichen Gehorsam. Vielmehr wachsen wir moralisch, indem wir lernen, mit anderen umzugehen und uns in dieser Welt zu verhalten – ein Lernprozess, der darauf beruht, dass wir uns zu Herzen nehmen, was wir gesehen und gehört haben. Das Kind ist ein Zeuge, es ist ein ständig wachsamer Zeuge der Moral Erwachsener – oder ihres Fehlens." (ebd.S. 17)
Der Erwachsene ist also Vorbild und damit Beispiel für gelebte Werte.
Die moralische Erziehung wird oft als Einbahnstraße dargestellt. Doch sind Erwachsene in der Familie, im Kindergarten und in der Schule in einem ständigen Austausch mit den Kindern. Beide Seiten können voneinander lernen. Die charakterliche Bildung ist ein lebenslanges Wechselspiel, obgleich die wesentlichen Grundlagen frühzeitig gelegt werden.

Bereits vor der Geburt wird das Kind von den Wertvorstellungen seiner Eltern beeinflusst, nach denen sie ihr Verhalten ausrichten. Eine fürsorgliche Einstellung hat unmittelbare Konsequenzen für den heranwachsenden Fötus. Sie drückt sich beispielsweise im Verzicht auf bestimmte Genussmittel wie Rauchen oder Alkohol aus oder auch in der Art, wie sich ein Mann um seine schwangere Frau kümmert.
Wird das neue Leben geprägt davon, an andere zu denken und für sie da zu sein oder steht das Desinteresse und die direkte Befriedigung eigener Bedürfnisse im Vordergrund? Wenn hier nicht das Wohl des Kindes und Rücksichtnahme den Werterahmen bilden und das Kind nicht von Anfang an wertgeschätzt wird, ist seine Entwicklung z. B. durch den Konsum von Alkohol und anderen Drogen bereits gefährdet.

Neben der Vorbildwirkung der Bezugspersonen und der Erfahrung der Werte und Normen durch das Handeln der Menschen in der sozialen Umgebung werden diese Leitlinien natürlich auch darüber vermittelt, dass Erwartungen über Normen direkt ausgesprochen und eingefordert werden. Die persönliche Erfahrung und das erlebte Vorbild scheint jedoch die eindrücklichste Vermittlung von moralischen Standards zu sein.

Der Entwicklungspsychologe Lawrence Kohlberg beschreibt die Entwicklung des moralischen Urteilsvermögens in einem komplexen sechsstufigen Modell, das weit in das Erwachsenenleben hineinreicht. Dabei werden die letzten Moralstufen nur von einigen Menschen erreicht. Charakteristisch für die kindliche Moral ist die Kluft zwischen moralischem Wissen und moralischem Wollen, meint die Professorin Gertrud Nunner-Winkler und beschreibt eine schrittweise Entwicklung der Moralvorstellungen bei Kindern. Das Wissen um moralische Normen und Werte entwickelt sich bereits früh. Bei ihrer Untersuchung zur moralischen Entwicklung von Kindern fand Nunner-Winkler heraus, dass beispielsweise bereits 98 % der Vierjährigen angaben, dass man nicht stehlen darf. Kinder wissen, dass man ein anderes Kind nicht verletzen oder Eigentum nicht schädigen soll, und sie erklären, dass man einem anderen Kind von seinem Getränk abgibt, wenn es Durst hat, oder ihm bei einer Aufgabe hilft.
Sie haben eine klare Vorstellung von grundlegenden moralischen Normen und können ohne langes Nachdenken beurteilen, was eine Lüge oder ein Diebstahl ist. Warum man nicht stehlen darf, wird mit der Norm selbst begründet („Das darf man nicht"). Ebenfalls früh unterscheiden Kinder eine moralische Norm wie z. B. andere nicht zu schlagen oder ihnen keine Sachen wegzunehmen von einer konventionellen Norm, zu der beispielsweise Tischmanieren oder Regeln der Begrüßung zählen, und bewerteten sie als verschieden wichtig. Abweichungen von einer konventionellen Norm werden von den Kindern eher akzeptiert, während eine Abweichung von einer moralischen Norm als schlecht befunden wird.

Das Wissen um die Normen ist also bereits früh und relativ differenziert vorhanden. Das bedeutet jedoch nicht, dass kleinere Kinder bereits in verschiedenen Situationen in angemessener Weise moralisch kompetent urteilen können. Dazu bedarf es weiterer sozialer und kognitiver Entwicklungsschritte. Nötig sind dazu unter anderem eine gesteigerte Fähigkeit zur Empathie, die mit einem vertieften Verständnis der Gefühle anderer und ihrer Motive verbunden ist, und ein erweitertes Zeitkonzept, das Entwicklungen und Konsequenzen mit einbezieht.

Erst im weiteren Lebensverlauf entwickeln Kinder die moralische Motivation, also den eigenen Willen, von innen heraus moralisch zu handeln. Dabei gibt es große Unterschiede. Während es für manche Kinder bereits mit

vier oder fünf Jahren wichtig ist, moralisch zu handeln, gibt es andere, die der persönlichen Moral auch im Alter von siebzehn Jahren wenig persönliche Bedeutung beimessen. Wie es zu diesen großen Unterschieden kommt, ist bisher nicht ganz klar. Vermutet wird, dass die Moral, die Kinder an dem Verhalten ihrer Eltern oder anderer bedeutender Bezugspersonen ablesen, also das gelebte Vorbild, eine bedeutsame Rolle spielt.
Die Vorbildwirkung des Erwachsenen und das Lernen am Modell treten also in dem Bereich der Wertebildung besonders hervor. Daher scheint es sinnvoll, sich als Mensch, der mit Erziehungsaufgaben betraut ist, ab und zu die Zeit zu nehmen, über die eigenen aktuellen Werthaltungen und die Art der eigenen Umsetzung zu reflektieren.

Insgesamt lässt sich sagen, dass sich verändernde Lebensbedingungen langfristig auch auf die geltenden Werte und Normen auswirken und Veränderungen oder Bedeutungsverschiebungen zur Folge haben. Der Wertepluralismus, also das Nebeneinander von verschiedenen, teils widersprüchlichen Wertorientierungen, in einer komplexen Gesellschaft wie der unsrigen ist sowohl mit gesellschaftlichen Spannungen und Konflikten als auch mit Belastungen des Einzelnen durch Entscheidungsfreiheit auf der einen und Entscheidungszwang auf der anderen Seite verbunden. Der Mensch in der heutigen Gesellschaft muss gänzlich andere Fähigkeiten entwickeln als Menschen, die in früheren Zeiten lebten. Das wirkt sich natürlich auch darauf aus, was Kinder lernen müssen, um in einer solchen Gesellschaft zu leben.

5. Beispiele, Anregungen, Materialien

5.1 Übungen für Kinder

Die folgenden Übungen, Spiele und Anregungen sind als Vorschläge gedacht, emotionale und soziale Kompetenzen und die Auseinandersetzung mit Werten zu fördern.

Nicht die Methode an sich, also z. B. ein bestimmter Übungsablauf, steht bei diesen Prozessen im Vordergrund, sondern die Kinder und Erwachsenen als Persönlichkeiten. In ihrem Verhalten werden die Werte lebendig und sichtbar, die Kompetenzen drücken sich in der Beziehungsgestaltung aus und ihre Handlungen orientieren sich an ihren Zielen und Wertvorstellungen. Es ist also nicht eine Methode, die an sich richtig und sinnvoll ist und die Lernprozesse garantiert, sondern nur eine Methode im Dienst von bestimmten Zielen, die von Menschen verwendet wird, die als Vorbilder wirken. Es ist also wichtig, sich zuerst zu verdeutlichen, welches Ziel man verfolgt und dementsprechend eine bestimmte Übung oder ein Spiel auszuwählen. Dann kann eine Übung oder ein Spiel als methodisches Mittel sehr hilfreich sein, um bestimmte Kompetenzen zu schulen.
Wenn Sie mit Kindern arbeiten, ist es darüber hinaus wünschenswert, die Eltern durch entsprechende Elternabende, Feste oder andere Aktivitäten in den Bildungsprozess einzubeziehen.

In allen Übungen geht es explizit oder implizit um die Förderung der emotionalen und sozialen Kompetenz sowie um die Wertebildung. Manchmal steht mehr der eine, manchmal der andere Aspekt deutlicher im Vordergrund. Im Folgenden sind sie unter dem Gesichtspunkt geordnet, an welchem Punkt sie konkret ansetzen.

Die Arbeitsblätter sollten als A4-Vorlagen (141%) kopiert werden.

5.1.1 Gefühle, Gedanken und Sprache

Worum es geht

In den folgenden Übungen stehen Gefühle und ihre enge Verknüpfung mit kognitiven und sprachlichen Aspekten im Vordergrund. Es geht um die Wahrnehmung und das Erkennen und den Ausdruck von Gefühlen bei sich und anderen.

Was wichtig ist

Sprache geht hierbei über das gesprochene Wort, über die verbale Ebene hinaus. Das persönliche Befinden, Wünsche, Bedürfnisse und Grenzverletzungen werden auf verschiedenen Ebenen ausgedrückt – im Gesicht, mit dem ganzen Körper, mit Aktionen, mit Worten und auch mit dem Klang der Stimme. Sprache soll hier also weiter gefasst werden und das gesamte Spektrum des Ausdrucks umfassen.

Was man machen kann

Gefühle im Gesicht

Diese Übung hat zwei Teile, die auch einzeln durchgeführt werden können, hintereinander aber einen stufenförmigen Aufbau ergeben, der das Thema vertieft.

Teil 1 Gefühlsgesichter

Ziele:

- Gefühlsmimik erkennen
- Gefühle benennen
- Wortschatz für Gefühle erweitern

Material:
pro Gruppe ein Arbeitsblatt „Gefühlsgesichter 1“ (S. 54) mit den Grundgefühlen Angst, Trauer, Freude, Wut, Ekel, Neugier, Staunen, Zufriedenheit (wenn die Gefühle von Arbeitsblatt 1 bearbeitet worden sind, kann auch Ab 2 eingesetzt werden).

Ablauf:
Die Kinder finden sich in Dreier- oder Vierergruppen zusammen. Jede Gruppe bekommt ein Arbeitsblatt mit den verschiedenen Gefühlsgesichtern.
Aufgabe ist nun, in der Gruppe darüber zu beratschlagen, wie man die einzelnen Gesichter jeweils beschreiben und wie man das Gefühl, das jedes Gesicht zeigt, benennen könnte.
Anschließend kommt die ganze Gruppe wieder zusammen. Es gibt einen Austausch darüber, welche Begriffe für die Gefühle gefunden wurden.

Anmerkung:
Wichtig ist eine Atmosphäre des gemeinsamen Beratschlagens und Entdeckens von Worten, um die Freude an der Sprache zu fördern. Die Fähigkeit, Gefühle verbal ausdrücken zu können, ist eine bedeutsame Grundlage, wenn es darum geht, für eigene Interessen einzutreten. Im Elementarbereich und auch darüber hinaus konnten wir beobachten, dass mit Zunahme der verbalen Fähigkeiten die tätlichen Auseinandersetzungen viel geringer wurden. Daher ist die elementare Schulung dieses Bereiches bedeutsam für die Gewaltprävention.

Teil 2 Gefühle im Spiegel

Ziele:
- die eigene mimische Gefühlssprache entdecken
- verschiedene Intensitäten ausdrücken und wahrnehmen
- Mimik von anderen kennen lernen und einordnen

Material:
pro Kind ein Handspiegel (kann vielleicht von zu Hause mitgebracht werden) sowie zunächst Arbeitsblatt „Gefühlsgesichter 1“, später dann Ab 2 mit differenzierten Gefühlen wie Scham, Schuld, Verlegenheit, Eifersucht, Ärger, Langeweile, Zuneigung oder Zugehörigkeitsgefühl (S. 54/55).

Arbeitsblatt: Gefühlsgesichter 1

Arbeitsblatt: Gefühlsgesichter 2

Ablauf:
Jedes Kind hat einen Handspiegel und ein Arbeitsblatt mit den Gefühlsgesichtern.
Seine Aufgabe ist es, die eigene Mimik zu jedem Gefühl vor dem Spiegel auszuprobieren. Ermuntern sie das Kind zum Experimentieren: Wie sieht mein Gesicht aus, wenn es ein bisschen wütend ist, wie bei mittlerer Wut oder bei ganz starker Wut?
Jedes Kind sollte für sich ausreichend Zeit haben, die eigene Mimik und den Ausdruck verschiedener Intensitäten zu entdecken.

Im Anschluss daran kann das Entdecken der Mimik spielerisch als Gruppenaktivität ausgeweitet werden: Wie sieht Wut, Trauer oder Freude in deinem Gesicht aus?

Wenn es sich in der Gruppe anbietet, können Sie die Übung mit den Kindern nachbesprechen oder ausgehend von ihr über weitere Erfahrungen mit Gefühlen sprechen. Manchmal ist es aber auch sinnvoll und den Bedürfnissen der Kinder angemessen, die Übung so stehen zu lassen und zu einem anderen Thema überzugehen.

Anmerkung:
Wesentlich hier ist zum einen das Kennenlernen des eigenen Gefühlsgesichtes und die bildhafte Reflexion über den eigenen mimischen Ausdruck. Das Kind kann selbstständig überprüfen, ob seine mimische Botschaft eher klar und eindeutig, ist, ob es sie selber „lesen“ kann oder ob sie schwierig zu verstehen ist. Durch den Austausch mit anderen lernt es andere mimische Varianten kennen.

Gruppenprojekt: Gefühletagebuch

Ziele:

- sprachliches und nonverbales Ausdrucksvermögen bei den Kindern stärken
- nonverbale Signale bei anderen wahrnehmen
- Gespräche und Auseinandersetzungen mit anderen über Gefühle
- körpersprachliche Signale und ihre Bedeutung
- Aktivitäten, die das Gruppengefühl stärken

Material:

Fotoapparat, Papier und weiteres Material, aus dem ein Gruppentagebuch hergestellt werden kann

Ablauf:

Rahmen und Namen:

Es ist günstig, das Projekt über einen bestimmten Zeitraum zu definieren, beispielsweise über eine Jahreszeit. Auch das Ziel sollte für die Kinder transparent sein (z. B. wir wollen dieses Frühjahr ein Gefühlstagebuch unserer Gruppe zusammenstellen; bei diesem Projekt sammeln wir alle möglichen Gefühlsausdrücke von uns hier in der Gruppe; wir werden viele Fotos machen und sie später dann zusammen sortieren und in unser Tagebuch einkleben).

Finden Sie gemeinsam mit den Kindern einen Namen für das Projekt (z. B. „Frühlingsgefühle“, „Gefühlvoll in den Herbst“, „Alles dabei“ etc.). Vermeiden Sie Namen, die bestimmte Gefühle einseitig fokussieren, damit nicht von vornherein eine Einschränkung besteht, sondern Sie mit den Kindern die Vielfalt der Gefühle „einfangen“ können.

Phase der Materialsammlung:

Fotografieren Sie in den nächsten Wochen mit dem Fokus auf Gefühle und ihren Ausdruck bei einzelnen Kindern, aber auch bei Interaktionen, wo im Bild sichtbar wird, wie Gefühle eine ganze Situation mit mehreren Kindern einfärben und nicht nur in, sondern auch zwischen den Kindern da sind.

Sie können diese Fotos in den verschiedensten alltäglichen Situationen machen, Sie können aber auch spezielle Aktionen anregen, in denen sich die Kinder mit Gefühlen konkret beschäftigen. Eine Anregungen dazu finden Sie in diesem Buch. Lassen Sie auch die Kinder fotografieren, sie haben oft eine sehr interessante Perspektive und sind so darüber hinaus auch aktiv auf beiden Seiten – vor und hinter der Kamera – beteiligt.

Phase der Auswertung:
Wenn Sie genügend Bilder haben, lassen Sie diese entwickeln oder drucken sie diese am Computer aus. Falls Sie den zweiten Weg wählen, können Sie dabei medienpädagogische Aspekte aufgreifen und die Kinder an diesem Prozess beteiligen.
Wählen Sie mit den Kindern gemeinsam die Fotos aus, die ihnen am besten gefallen. Unterstützen Sie hierbei einen Dialog darüber, welche Gefühle auf dem jeweiligen Bild zu sehen sind. Schneiden Sie gemeinsam die Bilder zurecht und kleben Sie diese in das Tagebuch.

Materialsammlung und Auswertung im Wechsel:
In der Regel und in Abhängigkeit von der Dauer des Projekts ist es sinnvoll, abwechselnd Material zu sammeln und es auszuwerten. Die Datenfülle kann so bewältigt und einzelne Fotos können genauer besprochen werden. Darüber hinaus vertieft sich bei den Kindern die Auseinandersetzung mit dem Thema durch die wiederholte Beschäftigung mit den Fotos.

Abschluss:
Wenn das Tagebuch fertig ist, feiern Sie das mit den Kindern. Überlegen Sie auch, wie das Tagebuch und die gesamte Projektarbeit anderen präsentiert werden könnte, zum Beispiel auf einem Elternabend. Auf diese Weise können die Kinder (und auch Sie als Fachkraft) mit den Eltern über das Thema Gefühle ins Gespräch kommen und hier eine weitere Auseinandersetzung anregen.

Anmerkungen:
Auf vielfältige Weise werden in einem solchen Projekt die Aspekte der Emotionalen Kompetenz angesprochen und gefördert. Sie regen eine Auseinandersetzung im Kind und der Kinder miteinander über Gefühle, ihre Ausdrucksformen und Erkennungszeichen an. Sie selbst kommen mit den Kindern über Gefühle ins Gespräch und können die Eltern mit einbezie-

hen. Darüber hinaus können Sie die hier entstandenen Fotos auch für die Erstellung von Gefühlskärtchen und Karten von Interaktionen von Kindern verwenden, die Sie für andere Übungen und Spiele benötigen.

Beim Schauspielunterricht 1

Ziele:
- nonverbale Ausdrucksfähigkeiten fördern
- verschiedene Intensitäten von Gefühlen ausdrücken können
- den Gefühlsausdruck bei anderen in Nuancen wahrnehmen

Material:
evtl. einige Requisiten zum Theaterspielen wie Hüte, Stöcke, Schals, allerdings nur wenige Beigaben, da es überwiegend um den Ausdruck und nicht die Verkleidung geht; Spiegel, in denen die Kinder ihren Ausdruck überprüfen können; Arbeitsblatt „Gefühle mit dem ganzen Körper zeigen“ (S. 60) mit Gefühlen wie Stolz, Angst, Freude, Niedergeschlagenheit, Liebe, Hass, Begeisterung, Bewunderung

Ablauf:
Erzählen Sie zur Einführung von dem besonderen Können, über das Schauspieler verfügen. Die besondere Kunst, die jeder gute Schauspieler beherrscht, ist verschiedene Gefühle in unterschiedlichen Situationen so zu spielen, dass man es beim Zuschauen genau nachvollziehen kann. Man glaubt, er erlebt das Gefühl tatsächlich in diesem Moment. Dafür muss er sehr viel über Gefühle wissen und er muss sie auch genau für die Situation passend ausdrücken können.

Die Kinder finden sich in kleinen Gruppen zusammen. Jede Gruppe bekommt einen Spiegel, einige Requisiten und eines der 8 Gefühlskärtchen. In ihrer Gruppe beginnen die Kinder mit dem ersten Kärtchen zu üben. Sie versuchen, das Gefühl auf dem Kärtchen in verschiedensten Variationen darzustellen (ganz wenig, mittel, ganz stark, völlig übertrieben, in verschiedenen Formen, nur mit dem Gesicht, mit dem ganzen Körper, mit Lauten . . .). Dabei inspirieren sie sich gegenseitig, können einfach nur aus probieren und darüber diskutieren, wann das Gefühl deutlich zu erkennen ist und wann nicht so deutlich. Die Darstellung auf den Kärtchen ist natürlich offen für Interpretationen.

Arbeitsblatt „Gefühle mit dem ganzen Körper zeigen“

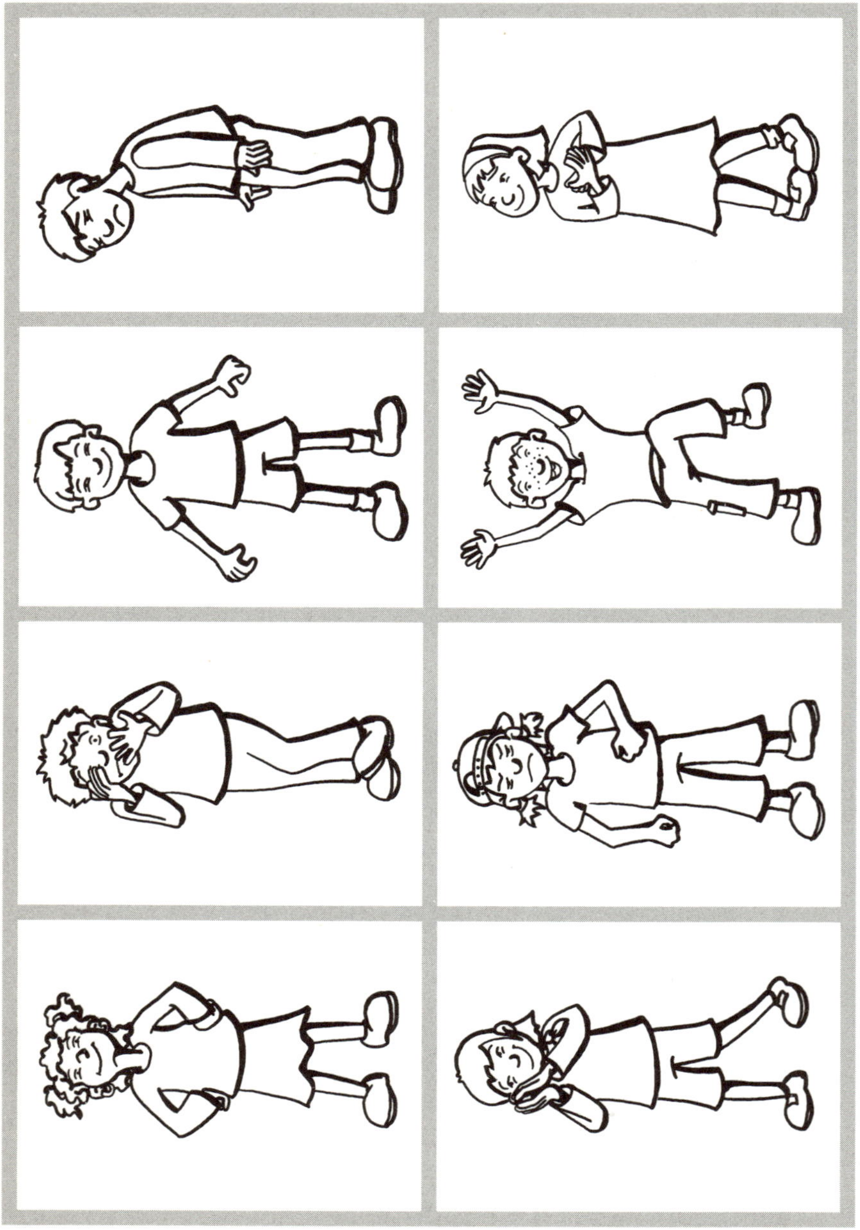

Wenn die Gruppen mit einem Gefühl „fertig“ sind, teilen Sie das nächste Kärtchen aus.

Schließen Sie den „Schauspielunterricht“ damit ab, dass sich die Kinder im Kreis aufstellen und jedes Kind ein Gefühl auswählt, das ihm heute gefallen hat oder dass es besonders gern gespielt hat. Es zeigt kurz dieses Gefühl und die anderen raten, welches es war, dann folgt das nächste Kind, bis alle kurz an der Reihe waren.

Anmerkung:
Die Kinder sollen in diesem „Schauspielunterricht“ die Vielfalt ihrer Ausdrucksmöglichkeiten vor allem im nonverbalen Bereich entdecken und bei anderen beobachten. Vergleichbar mit dem Lernen eines Instruments kann auch hier das Spektrum der eigenen Möglichkeiten enorm erweitert werden. Es gibt einfach gestrickte Lieder, die sich aus einem gewissen Grundrepertoire zusammensetzen, und andere Musikstücke, die sehr facettenreich die Möglichkeiten des Instruments ausschöpfen.

Beim Schauspielunterricht 2

(Szenen mit anderen)

Ziele:

- nonverbale Ausdrucksfähigkeiten in der Kommunikation mit anderen fördern
- verschiedene Intensitäten von Gefühlen ausdrücken können
- den Gefühlsausdruck von anderen in Situationen mit mehreren Kindern wahrnehmen können
- soziale Situationen beobachten können

Material:
Arbeitsblatt „Gefühle zwischen uns“ (S. 63) mit Gefühlen wie Misstrauen, Fremdsein, Vertrauen, Spaß, Interesse, Ärger / Streit, Ausgeschlossen sein / Trauer, Trauer / Trost (die Bildkärtchen und die darauf dargestellten Gefühle sollten den Kindern schon bekannt sein, falls nicht, machen Sie vorab eine Gesprächsrunde, in der Sie mit den Kindern die verschiedenen Bilder besprechen und die dargestellten Gefühle auf ihnen benennen)

Ablauf:

Dieser Übung sollte die Übung „Beim Schauspielunterricht 1" bereits zumindest einmal, besser mehrere Male, vorausgegangen sein.

Knüpfen Sie in der Einführung an den bereits erfolgten Schauspielunterricht an. Nun geht es darum, Gefühle in konkreten Situationen mit anderen auszudrücken. In diesen Szenen ist es wichtig, die Art und die Intensität von dem Gefühlsausdruck einer beteiligten Person mit der Intensität einer anderen Person abzustimmen. Daher sollen die Kinder die jeweilige Szene einmal ähnlich intensiv und einmal konträr spielen.

Die Kinder finden sich wieder in kleinen Gruppen zusammen. Jede Gruppe bekommt mit der Bildkarte die erste Aufgabe.

In ihrer Gruppe beginnen die Kinder mit dem ersten Kärtchen zu üben. Sie verteilen als erstes die Rollen. Wer spielt zuerst und wer schaut zu und assistiert? Nachdem die Rollen klar sind, versuchen ein Kind zuerst das Gefühl auf dem Kärtchen in minimaler Form darzustellen, während das andere Kind seinen Part heftig und intensiv darstellt. Die anderen Kinder der Gruppe schauen zu.

Unterbrechen sie nach einiger Zeit und fragen Sie in die Runde, wie das zusammengepasst hat. Nachdem sie kurz darüber gesprochen haben, geben sie nächsten Schritt an.

Nun sollen die Kinder versuchen, jeweils in ähnlicher Ausdrucksstärke die Gefühle darzustellen, also sich aufeinander zu beziehen. Jetzt geht es wieder darum, zusammen verschiedene Intensitäten auszuprobieren und sowohl mit geringem, mittleren und starken Ausdruck die Szene darzustellen. Achten Sie darauf, dass sich die Kinder innerhalb der Gruppe mit den Rollen abwechseln.

Wenn die Gruppen mit einem Gefühl „fertig" sind, teilen Sie das nächste Kärtchen aus.

Schließen Sie den „ fortgeschrittenen Schauspielunterricht" damit ab, dass sich die Kinder im Kreis aufstellen und jede Gruppe eine Szene darstellt, die sie heute besonders gern gespielt hat. Die Kinder zeigen kurz diese Szene und die anderen raten, welche Gefühle dargestellt wurden, dann folgt die nächste Gruppe, bis alle kurz an der Reihe waren.

Arbeitsblatt „Gefühle zwischen uns“

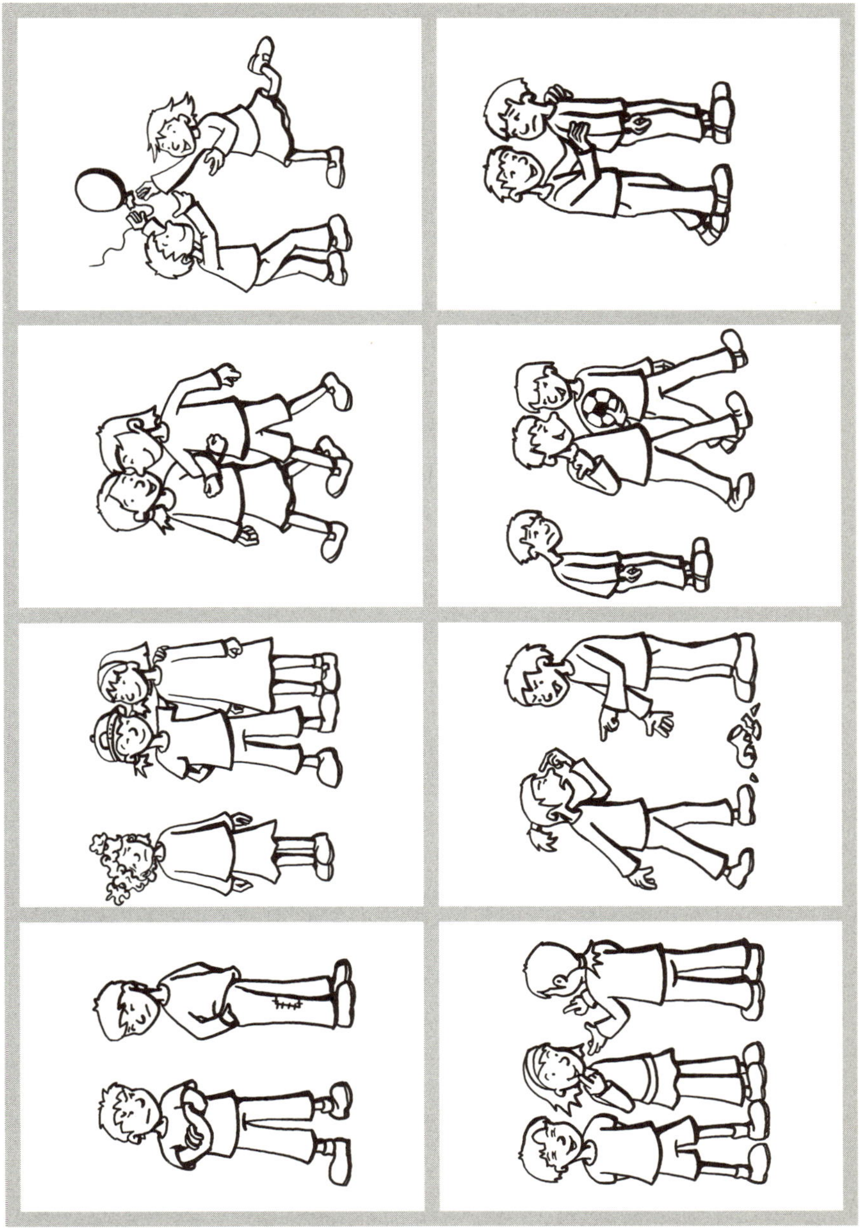

Anmerkung:

Neben dem Entdecken der Vielfalt der eigenen Ausdrucksmöglichkeiten geht es nun darum, zugleich den Gefühlsausdruck bei anderen, mit denen man interagiert, zu beobachten und darauf zu reagieren. Diese Übung ist also schon erheblich komplexer als die vorherige, da sie die soziale Situation mit einbezieht. Man benötigt bereits eine gewisse Sicherheit im eigenen Ausdrucksrepertoire, damit man sich auf andere konzentrieren kann. Die Metapher des Instruments wird nun erweitert auf die Fähigkeit, das eigene Instrument zumindest im Bereich der Grundfähigkeiten zu beherrschen und sich in einem Orchester auf andere Instrumente zu beziehen. Die Tonhöhe, die Lautstärke, die Geschwindigkeit oder der eigene Einsatz muss nun auf andere abgestimmt werden, so dass es möglich wird, miteinander zu klingen.

Das Spektrum der eigenen Möglichkeiten kann dadurch enorm erweitert werden. Aber auch hier gibt es verschiedene Stufen. Es gibt einfacher gestrickte Lieder, die sich aus einem gewissen Grundrepertoire zusammensetzen und andere Musikstücke, die sehr facettenreich die Möglichkeiten des Instruments ausschöpfen.

Ich hab viele lieb – aber jeden anders

Ziele:

- Kennenlernen der verschiedenen Variationen von „Liebhaben"
- Unterscheidungen treffen
- angemessene Verhaltens- und Ausdrucksmöglichkeiten entwickeln bzw. diese differenzieren

Material:

Einstiegsmetapher oder –geschichte zum Thema „Liebhaben", Malsachen und Papier

Ablauf:

Legen Sie Malsachen und das Papier bereit. Sammeln Sie die Kinder an einem eher ruhigen bzw. ungestörten Nachdenkplatz.

Lesen Sie dann zur Einstimmung eine Geschichte zum Thema vor, wie z. B. aus dem Büchlein „Ich hab dich so lieb“ (Schreiber-Wicke/Holland 1997) oder eine andere vergleichbare Geschichte.
Verwickeln Sie die Kinder anschließend in eine lockere Unterhaltung über das Liebhaben: Wen haben die Kinder lieb?
Lassen Sie die Kinder erzählen, wen oder was (auch Haustiere und Sachen) sie in ihr Herz geschlossen haben. Fragen Sie, ob die Kinder alle und alles gleich lieb haben oder ob es Unterschiede gibt und lenken Sie so das Gespräch behutsam auf die unterschiedlich Intensitäten und Ausprägungen von Gefühlsnuancen sowie darauf, woran die Kinder bemerken oder wie sie es spüren, dass sie beispielsweise die Eltern anders lieb haben als einen Freund oder das Kuscheltier.

Anschließend dürfen die Kinder all ihre Lieblinge in Farbe auf ein großes Blatt Papier malen. Helfen Sie den Kindern geeignete Farben (helle, kräftige, laute, große, kleine, . . .) für die unterschiedlichen Qualitäten des Liebhabens zu finden.
Wenn alle ihre Bilder fertig haben, dürfen die Kinder ihre Lieblinge in der Gruppe vorstellen.
Die kleinen Kunstwerke können darüber hinaus als eine Gruppenaktion in Form eines gemeinsamen Mandalas ausgestellt und auf einem Elternabend präsentiert werden.

Anmerkungen:
Für die Kinder ist das Liebhaben, anders als das Geliebtwerden, ein aktiver Prozess der Zuwendung und der Selbstwirksamkeit. In ihm können sie lernen, die eigene Nähe und Distanz zu Menschen und Sachen zunehmend bewusster zu erleben, sprachlich und gestalterisch auszudrücken und mitzugestalten. Die Ausdifferenzierung des Gefühls der Liebe trägt zur Klarheit der eigenen Empfindungen und Handlungen im sozialen Kontakt bei. Die Auseinandersetzung mit diesem Thema beinhaltet die Möglichkeiten, aber auch die Grenzen, Liebe auszudrücken und ist ein wichtiger Bestandteil zur Vorbeugung oder Bearbeitung von sexuellem Missbrauch.
Zugleich hat diese Übung eine hohe Bedeutung in Bezug auf Ressourcen, denn „Liebhaben“ ist eine starke Quelle der Kraft.

Der König der Lauscher

Ziele:
- Fähigkeit entwickeln, sich selbst zu beruhigen
- die Ruhespannung aushalten lernen
- die Ruhespannung als etwas Positives erleben
- Entwicklung einer Kultur der Stille

Material:
mehrere kleine Gegenstände und Sachen, mit denen man Geräusche machen kann und die auf einem Platz in einem Nebenzimmer vorbereitet werden; kleine Krönchen als Stempel oder als Bildchen; einen Ton bzw. einen Klang, der den Anfang und das Ende einer Runde anzeigt, z. B. einen Gong, eine Triangel oder eine Trommel

Ablauf:

Vorneweg:
Sammeln Sie alle Kinder in der Gruppe. Nun dürfen die Kinder, bevor es dann um Stille geht, noch mal viele laute Geräusche machen.
Im Anschluss daran bitten Sie die Kinder, dem Lautsein einen Platz zu geben, z. B. im Regal, in einem Fach oder in einer „Laute-Worte-Kiste", oder das Lautsein für die nächste Zeit aus dem Zimmer oder aus dem Fenster hinauszuschicken.

Einleitung:
Leiten Sie das Thema ein, z. B.: „Wir wollen nun gemeinsam herausfinden, wer heute der König oder die Königin der Lauscher sein wird. Dazu ist es wichtig, erst einmal zu überlegen, wofür und wann es wichtig ist, still zu sein und zu lauschen."
- Sie können die Kinder nach eigenen Beispielen fragen,
- Sie können Beispiele von Tieren erzählen (wenn Indianer auf der Jagd sind, wenn die Katze einer Maus hinterher schleicht, wenn der Hase sich vor dem Hund versteckt . . .)
- oder Beispiele von Kindern erzählen (wenn Kinder Versteck spielen, wenn sie abends ruhig werden können und dann gut einschlafen, wenn ihre Haare geschnitten werden, wenn Kinder vorgelesen bekommen, beim Mikado spielen, . . .).

Schritte zum Ruhig werden:

Fragen Sie die Kinder, wie sie ruhig werden:

- Was muss man tun, um ganz still zu werden?
- Was ist dabei wichtig?
- Was hilft dabei, ganz ruhig zu werden?

Sammeln Sie die Ideen in der Gruppe. Gehen Sie dabei so vor, dass jeweils ein Kind erklärt, wie es ruhig wird, was die anderen auch auf diese Weise ausprobieren können, bevor das nächste Kind erzählt (z. B. ich atme dreimal tief ein; ich stelle mir vor, ich kuschele mich in eine weiche Decke; ich denke an schöne Musik; ich stelle mir vor, wie ich ganz ruhig bin; ich gehe raus bei Regen; ich setze mich ans Wasser, . . .)

Im Anschluss daran leiten Sie zum „Lausch-Spiel“ über.

Das Spiel zum Lauschen:

Es geht nun um die Frage, wer an diesem Tag der beste Lauscher, also der Lauscherkönig oder die Lauscherkönigin wird.

Zuerst wird ein Kind bestimmt, dass für das Geräuschemachen verantwortlich ist, das die anderen später erraten müssen. Dabei wird es eine Zeit der Ruhe geben, die mit einem Klang beginnt und mit diesem wieder endet. Erst danach dürfen Antworten auf das Rätsel gegeben werden. Wer vorher hineinruft, kann nicht mehr gewinnen. Das Kind geht in den Nebenraum und wählt einen Gegenstand aus, mit dem es später Geräusche machen wird. Währenddessen versuchen die Kinder in der Gruppe ruhig und still zu werden und sich auf das Lauschen vorzubereiten.

Alle werden – so gut es geht – möglichst ruhig und still. Dann erklingt der Gong und das Kind im Nebenraum macht ein ganz leises Geräusch. Nach einer kurzen Pause wiederholt es das Geräusch einige Male, bis der Gong wieder erklingt und das Ende der Lauschzeit anzeigt.

Die Kinder der Gruppe machen leise per Handzeichen deutlich, dass Sie glauben, zu wissen, welcher Gegenstand das Geräusch verursacht hat und dürfen ihre Idee dann der Reihe nach sagen. Schließlich wird das Geheimnis gelüftet. Wer die richtige Lösung nennt, erhält ein Krönchen (Bild oder Stempel), allerdings nur dann, wenn das Kind auch still bleiben konnte und nicht hineingerufen hat.

Nun folgt eine neue Runde.

Der Schwierigkeitsgrad kann in den verschiedenen Durchgängen zunehmen.

Abschluss:
Wer nach mehreren Durchgängen die meisten Krönchen erreicht hat, wird zum König bzw. zur Königin gekrönt. Natürlich kann es auch mehrere geben.

Zum Abschluss können die Kinder das Lautsein wieder herholen und bekommen die Möglichkeit, die im Stillsein entstandene Spannung wieder auszutoben.

Anmerkungen:
Kinder brauchen Rituale und Spiele, in denen sie lernen können, sich selbst zu beruhigen und zur Stille zu kommen. Dies ist eine wesentliche Grundvoraussetzung, um eigene Bedürfnisse, Gefühle und auch Grenzen wahrnehmen zu können. Achtsamkeit, eine Kultur der Stille und die Fähigkeit, sich selbst wieder beruhigen zu können, sind wesentliche Faktoren der emotionalen und sozialen Kompetenz und bei der Gewaltprävention.

Denken macht Ah – Mit Kindern philosophierend die Welt ergründen

Ziele:
- Fähigkeit zum reflexiven Denken schulen – die Kinder werden gezielt angeleitet, sich mit sich selbst und der Umwelt kreativ und „ergründend" auseinanderzusetzen
- Kinder reflektieren über ihre Gefühle und Vorstellungen und versuchen, sie sprachlich auszudrücken
- selbständiges Denken, kritisches Wahrnehmen und personale Kompetenz unterstützen
- Freude vermitteln beim Ergründen von Fragen und Finden von Antworten

Material:
auf das Thema Ihrer Wahl (z. B. Freundschaft) bezogenes Material: interessante Fragen, mögliche Ideen und Antworten zu den Fragen, Geschichte(n) und Fragen zum thematischen Einstimmen; ggf. Malsachen, Papier oder andere Materialien, um am Ende der Übung dem Thema gestalterisch Ausdruck zu verleihen

Ablauf:

Vorbereitung (Themenwahl):
Verfolgen Sie aufmerksam die Themen, die bei den Kindern direkt oder indirekt „kreisen" und sammeln Sie diese auf einer Liste.
Sie können spontan aktuelle Themen aus der Gruppe bei passender Gelegenheit aufgreifen, wie beispielsweise anlässlich eines Kindergeburtstags das Thema „Freundschaft". Oder Sie können als regelmäßige Reihe in bestimmten Abständen „geplante Themen" vorbereiten und einbringen.
Sie können sowohl Themen nehmen, die eher aus dem Bereich des sozialen Miteinanders stammen (Was ist Freundschaft? Warum hat man Eltern?) oder Themen aus anderen Bereichen, wie beispielsweise dem naturwissenschaftlichen, je nach Zielrichtung, die ihnen für die Gruppe passend erscheint.

Einstimmung:
Machen Sie es sich mit den Kindern in der Nachdenkecke oder an einem anderen geeigneten Platz bequem und signalisieren Sie, dass Ruhe und Zeit vorhanden ist, sich mit dem gewünschten Thema zu beschäftigen.

Zur Einstimmung erzählen Sie eine passende Geschichte zu dem Thema, das Sie ausgesucht haben, z. B. zum Thema „Freundschaft" (die klassischen 3-Freundegeschichten von Helme Heine oder auch Geschichten von Kindern und ihrer Freundschaft, die Sie beobachtet haben). Vermeiden Sie dabei jedoch, Beispiele von Kindern zu erzählen, die zur Zeit die Einrichtung besuchen.

Geben Sie den Kindern im Anschluss daran Gelegenheit, sich zu der Geschichte zu äußern. Was hat ihnen am meisten gefallen? Was fanden sie lustig, blöd, klasse oder schlimm?

Nachdenken über das Thema:
Leiten sie über zu dem, was die Kinder selbst aus ihrer eigenen Erfahrung zu einem Thema wie Freundschaft denken: Wer kann mir sagen, was ein guter Freund ist? Verstärken sie auch zaghafte Versuche der Mitarbeit möglichst positiv.

Mögliche weitere Fragen zur Vertiefung können sein:
- Wofür sind Freunde wichtig?
- Was gehört zu einem guten Freund?

- Was darf der, was darf der nicht?
- Wie findet man eigentlich Freunde?
- Was macht eine Freundschaft kaputt?
- Wann hält eine Freundschaft?

Bei der Wahl der Fragen und dem Nachdenken über das jeweilige Thema hilft die Vorstellung, sich dem Thema von ganz verschiedenen Seiten zu nähern und so eine jeweils andere und neue Perspektive dazu einzunehmen.

Zum Abschluss ist es wichtig, den Kindern Gelegenheit für eine Art Resümee zu geben. Dies kann durch Malen, Bauen, Modellieren ihrer Gesprächsergebnisse geschehen. Abschließend dürfen die Kinder ihre Werke noch kurz vorstellen.

Empfehlenswert ist es häufig, das Thema in weiteren Gesprächen immer wieder aufzunehmen und es so weiter zu spinnen. Je nach Thema brauchen die Kinder unterschiedlich Zeit, um sich ein Thema zu erarbeiten.

Anmerkungen:
Hier steht im Vordergrund, sich aktiv denkend und fragend die Welt und die Orientierung in ihr zu erschließen. Kinder haben das Bedürfnis nach Erklärung und Orientierung. Sie wollen wissen, wie die Welt funktioniert und wollen Antworten auf ihre Fragen. Die Selbstbildung als aktiver Lernprozess, die Neugier und das selbständiges Denken bilden ein wichtiges Fundament bei jedem Lernerfolg und bei der Fähigkeit, selbst und in der Auseinandersetzung mit anderen zu Antworten zu gelangen.
Zugleich wird hier den oftmals sehr interessanten Gedanken von Kindern und den Bezügen, die sie zwischen verschiedenen Dingen herstellen, Raum gegeben. Das gegenseitige Achten und Nachvollziehen von Gedankengängen ist eine Grundlage bei gelebten Fähigkeiten und Werten wie Empathie oder Respekt.
Ein Thema kann in verschiedenen Tiefen ausgelotet werden. Bei dem oben genannten Beispiel „Freundschaft" können in dem Prozess der denkenden Auseinandersetzung Kriterien von guter oder weniger guter Freundschaft deutlich werden, die im Miteinander zu mehr Klarheit und Orientierung beitragen.

„Regeln" für das „Philosophieren" mit Kindern:
Wer Kinder beim Philosophieren unterstützen will, braucht auch die Bereitschaft, sich auf ein verändertes Rollenverständnis einzulassen. Zusammen mit den Kindern geht man auf eine Suche nach einer „Wahrheit von Morgen". Man wird auf dieser Suche nicht immer fündig und muss lernen, ein mögliches „Ich-weiss-nicht" zu akzeptieren, statt es zu überspielen. Wenn Kinder philosophieren, dann findet keine Vermittlung von vorgefertigten Wissen und Inhalten statt, sondern man gewährt ihnen Unterstützung beim selbständigen Denken, Argumentieren und Handeln. Im Vordergrund stehen nicht Ergebnisse, sondern der Prozess.

Wie sag ich es? Anderen mit Achtung begegnen

Ziele:

- sprachliche Ausdrucksfähigkeiten fördern, um anderen respektvoll zu begegnen
- höfliche Umgangsformen kennen
- Werte wie beispielsweise Achtung im Miteinander in der Gemeinschaft leben

Material:
Beispiele für verschiedene alltägliche Kontakt- und Kommunikationssituationen wie Begrüßungen, Abschiede, Schlafen gehen, Aufstehen, Essen usw., die entweder erzählt werden oder mit Hilfe von Bilderbüchern, Bildkarten oder Fotos besprochen werden

Ablauf:
Eine Situation wird vorgestellt. Es wird erzählt, wer beteiligt ist und was gerade passiert, z. B. der Tisch ist gedeckt, das Essen ist fertig und alle setzen sich.

Erste Runde:
Im Zentrum steht die Frage nach höflichen Umgangsformen:
Wie beginnt das Essen, was sagt man, was tut man?
(z. B. man wünscht sich gegenseitig einen guten Appetit; man fängt gemeinsam an zu essen, wenn alle etwas auf dem Teller haben; wenn es schmeckt,

ist es auch schön, das zu sagen, denn es freut den „Koch“ oder die „Köchin“; wenn man jemanden bittet, das Salz oder das Wasser herüberzureichen, sagt man „Bitte“ und „Danke“; man befolgt die Regel „Essen oder Reden“).
Anschließend erfolgt eine Reflexion mit den Kindern:
Wofür sind solche Regeln gut, was bewirken sie beim Essen und bei den verschiedenen Personen?

Zweite Runde:
Das Gegenteil: Wie würde es sich anhören und was würde man tun, wenn man sich respektlos verhält – wenn man das Essen, die anderen nicht achtet?
(z. B. jeder beginnt zu essen, wann er will; wenn man etwas möchte, streckt man die Hand aus und zeigt darauf und grunzt dabei etwas Unverständliches; wenn einem das Gewünschte gereicht wird, reißt man es der Person aus der Hand, ohne sie noch eines Blickes oder Wortes zu würdigen; man steht immer wieder auf und rennt herum, um dann irgendwann weiter zu essen; wenn man mit Essen fertig ist, lässt man alles kreuz und quer liegen und steht einfach auf und so weiter und so fort)

Anschließend erfolgt eine Reflexion mit den Kindern:
Was passiert in einer solchen Esssituation? Wie fühlen sich die verschiedenen Beteiligten?

Anmerkung:
In einem solchen Gespräch lernen die Kinder konkrete Formen kennen, sich mit Achtung zu begegnen, sowohl sprachlich als auch im Verhalten. Diese einmal selbstverständlichen Umgangsformen sind vielen Kindern heute kaum bekannt und sie erleben sie nicht im Alltag. Eine Lehrerin berichtete mir kürzlich, dass sie nicht mehr bereit sei, mit ihren Kindern auf eine Klassenfahrt zu gehen, weil es ihr zu unangenehm sei, von einer peinlichen Situation in die nächste zu gelangen. Nicht brutale Umgangsformen waren hier das Problem, sondern schlicht fehlende Grundfähigkeiten eines höflichen und „gesitteten" Verhaltens, das zu permanenten Peinlichkeiten führte.
Das gemeinsame Ausmalen des „ungesitteten" Verhaltens macht dagegen häufig allen Kindern Spaß. Dadurch kann deutlich werden, was nicht O. K. ist und so haben die Kinder klare Anhaltpunkte, die ihnen bei der nächsten derartigen Situation auffallen können.

Wie sag ich es, wenn mich etwas stört?

Ziele:
- sprachliche Ausdrucksfähigkeiten unterstützen, um eigene Bedürfnisse und Grenzen auszudrücken
- bei sich wahrnehmen, wo die eigenen Grenzen beginnen und wo sie übertreten werden
- bei anderen Grenzverletzungen wahrnehmen.

Material:
eigene Beispiele und Beispiele von Kindern zum Thema „Sich gestört fühlen"

Ablauf:
Die Kinder finden sich zu einem Gesprächskreis zusammen.
Leiten Sie das Thema ein, indem sie ein eigenes Beispiel von einem Moment erzählen, indem sie sich von jemand anderem gestört gefühlt haben, oder Sie erzählen Beispiele von Kindern, die Sie beobachtet haben.

Erster Schritt:
Anschließend fragen sie die Kinder nach eigenen Beispielen von Situationen, in denen sie sich gestört gefühlt haben.
Versuchen Sie, den Kindern durch Fragen zu helfen, genau herauszufinden, durch was sie sich gestört gefühlt haben. Folgende Anregungen können dabei helfen:
- Was war los in der Situation, als sie sich gestört gefühlt haben?
- Wann genau hat die Störung angefangen?
- Bis wohin haben sie sich in der Situation noch nicht gestört gefühlt?
- Sind die Kinder durch die Störung an etwas gehindert worden?
- Was hätten sie gerne weitergemacht?

Zweiter Schritt:
Nachdem die Kinder einige Situationen berichtet haben, beginnen Sie in einem zweiten Schritt, mit den Kindern gemeinsam zu überlegen, was man demjenigen, durch den man sich gestört fühlt, sagen kann.
Wählen sie eine Situation aus, die die Kinder erzählt haben. Nun sammeln sie mit den Kindern Ideen, wie man in dieser Situation reagieren kann.
Welche Arten gibt es, mitzuteilen, das man sich gestört fühlt und wodurch genau man sich gestört fühlt?
Wichtig ist, erst einmal recht viele Möglichkeiten zu sammeln, ohne sie zu bewerten. Machen Sie dies auch den Kindern deutlich („Wir sammeln jetzt erst einmal alle möglichen Arten, wie man reagieren kann. Im Gespräch darüber sind alle Ideen willkommen. Erst später überlegen wir, was wir gut oder nicht so gut finden und warum!“). Es können freundliche und unfreundliche Worte sein, kurze Mitteilungen oder längere Erklärungen etc.
Erst wenn es verschiedene Variationen gibt, lassen Sie die Kinder ein oder zwei Möglichkeiten der vorgeschlagenen Ideen, auf die Störung zu reagieren, für sich auswählen. Fragen Sie sie, warum sie diese Möglichkeit für sich wählen würden.

Besprechen Sie in ähnlicher Weise noch weitere Situationen, die von den Kindern genannt wurden.

Anmerkung:
In dieser Gesprächssituation geht es natürlich um die Schulung von verbaler Rückmeldung über die eigene Befindlichkeit und um die Möglichkeit zu einer verbalen Grenzziehung. Aber implizit wird die Aufmerksamkeit auf einen wichtigen vorhergehenden Aspekt gelenkt. Die eigenen Grenzen müssen deutlich wahrgenommen und formuliert werden, bevor man bewusst mit ihnen umgehen kann. Problematisch bei Konflikten – auch bei uns Erwachsenen – ist häufig, das die eigene Grenze und deren Übertretung erst (zu) spät wahrgenommen wird.

Eine aktive Beteiligung an dem Gesprächskreis ist ebenso sinnvoll wie eine passive Zuhörerrolle, die gerade jüngere Kinder hier oft einnehmen. Auch bei ihnen wird der sprachliche Ausdruck für Bedürfnisse und Grenzen geschult, denn sie lernen von den anderen, indem sie deren Erzählungen verfolgen.

Nein sagen

Ziele:
- sprachliche und nonverbale Ausdrucksfähigkeiten fördern, um eigene Bedürfnisse und Grenzen auszudrücken
- spielerisch verschiedene Formen und Intensitäten ausprobieren, um „Nein“ zu sagen
- durch den spielerischen Umgang leichter ein „Nein“ von anderen akzeptieren können

Material:
mehrere, möglichst große Spiegel

Ablauf:
Erzählen sie zur Einstimmung eine kleine Geschichte über das „Nein“. Beispielsweise über die Stadt, in der lauter „Neins“ wohnen: Dort gibt es kleine „Neins“ und große „Neins“, laute und leise „Neins“, junge und alte „Neins“ und auch welche in mittleren Jahren. Es gibt schüchterne „Neins“ und solche mit viel Mut, welche, die miteinander befreundet sind und vieles gemeinsam machen, und andere, die dauernd streiten und kämpfen.

Erster Schritt:
Die Kinder gehen zu zweit mit jeweils einem Spiegel zusammen. Abwechselnd probieren sie verschiedene Varianten, wie man „Nein“ sagen kann, vor dem Spiegel durch. Sie schauen sich selbst im Spiegel und auch das andere Kind genau an. Dabei sollen sie die ganze Bandbreite probieren, leise und schüchtern, aber auch leise und entschieden, ganz laut und energisch, aber auch mal laut und hysterisch sein, dann wieder ein lockeres „Nein“ in einem normalen Tonfall oder auch ein freundliches „Nein“ ausprobieren. Auch der Köper wird miteinbezogen, z. B. durch klare Abwehrgestik, aber auch durch reservierte Unbeweglichkeit.
Moderieren Sie als Gruppenleitung die verschiedenen Ausdrucksformen, die Intensität und die Lautstärke. Insgesamt sollte eine spielerische Atmosphäre vorherrschen.

Zweiter Schritt:
Nun stellen sich die Kinder in einem Innen- und Außenkreis gegenüber auf. Die sich gegenüberstehenden Kinder schauen sich an und sagen dann jeweils „Nein“ zum anderen Kind. Dann verbeugen sie sich zum Abschied und gegen einen Schritt weiter zum nächsten Kind. Innenkreis und Außenkreis bewegen sich also gegenläufig.
Sie moderieren wieder die Geschwindigkeit des Wechsels und – falls überhaupt nötig – verschiedene Varianten des Ausdrucks. Die Kinder sollten sich zwei- bis dreimal begegnet sein, bevor sie die Übung mit einer allgemeinen Verbeugung im Kreis beenden.

Bei einer Nachbesprechung können Sie gemeinsam sammeln, welches „Nein“ für die Kinder angenehmer oder weniger angenehm war, welches sie glaubwürdig oder wenig glaubhaft fanden, in welchen Situationen im Leben der Kinder es wichtig wäre, Nein zu sagen und wie man es dort am besten sagen sollte und so fort.

Anmerkung:
Hintergrund dieses Spiels ist es auf der einen Seite, die vielfältigen Möglichkeiten, wie man „Nein“ sagen und Grenzen ziehen kann, ins Zentrum der Aufmerksamkeit zu rücken und so die Variationen im Ausdrucksverhalten (Klang der Stimme und die damit verbundene Emotion, Lautstärke, Mimik, Gestik und Körperhaltung) zu erweitern. Das Körpergefühl und ei-

ne entsprechende Körperhaltung sind für ein entschiedenes „Nein“ von großer Bedeutung. Darüber hinaus ist es wichtig, verschiedene Erfahrungen mit dem Wort „Nein“ zu sammeln und sich daran zu gewöhnen, es sowohl selbst zu sagen, als auch es von anderen zu akzeptieren. Die bewusste Position auf beiden Seiten erweitert die eigene Perspektive und die eigene Rolle.

5.1.2 Selbstvertrauen, Ressourcen und Wurzeln

Worum es geht

Selbstvertrauen ist eine Qualität, die für das einzelne Kind und seine Erfahrungen in der Welt, aber auch für das Miteinander wichtig ist. Persönliche Ressourcen und die Verwurzelung in der Familie, in der Schönheit der Natur oder in anderen Quellen der Kraft bilden den Boden, aus dem heraus Selbstvertrauen wachsen kann.

Was wichtig ist

Viele einzelne Erfahrungen von positiven Momenten, in denen wir Sicherheit, Freude, Unterstützung, Gemeinschaft, Kreativität, Kraft und Liebe erleben, verknüpfen sich zu unserem Potential, mit dem wir den Problemen des Alltags begegnen und diese lösen. Es ist bedeutungsvoll, Kindern viele dieser Erfahrungen zu ermöglichen, denn diese verweben sich zu einem dichten Teppich großer oder kleiner positiver Momente, der sie trägt.

Was man machen kann

Lands Art 1 – Das eigene Kraftzentrum gestalten

Ziele:
- sich mit der Natur verbinden
- sich zentrieren; zur Ruhe kommen
- die Schönheit der Natur entdecken und genießen

- die Fülle wahrnehmen, die in der Natur da ist
- die eigene Gestaltungskraft stärken
- durch die Symbolkraft der Bilder und Materialien in Verbindung sein mit einer Kraftquelle
- die Sinne aktivieren, sehen, berühren, riechen, gestalten

Material:
Bücher über Lands Art; Material, das in ausreichender Menge jahreszeitlich zur Verfügung steht, z. B. farbige Blätter im Herbst, Steine, Stöcke, Blüten, Rinde und ähnliches; einen Fotoapparat, um die Arbeiten zu dokumentieren;
drei verschiedene Beispiele zum Thema (die sie vorbereitet und fotografiert oder aufgeklebt haben), die mit einem Kreis, Viereck oder einer Spirale das eigene Kraftzentrum verdeutlichen und aus wesentlich weniger Teilen bestehen als die Bilder in den Büchern, z. B. aus zehn Blättern oder fünfzehn Steinen, also aus für die Kinder übersichtlichen und handhabbaren Mengen

Ablauf:

Vorbereitung, Einführung
Schauen sie mit den Kindern Bücher der Kunstrichtung „Lands Art“ an. Besprechen Sie, wie die Objekte hergestellt sind, welche Schritte dazu nötig sind (Material sammeln; Material so anordnen, dass es das eigene Kraftzentrum darstellt).
Führen Sie an dem Platz, an dem die Kinder das Material finden können, das Thema ein. Die Kinder sollen dort ihr Kunstwerk gestalten, das den Titel „Mein Kraftzentrum“ oder „Im Zentrum meiner Kraft“ tragen könnte. Es empfiehlt sich, die Vorbesprechung und das Anschauen der Bücher an einem Tag und die Gestaltung an einem anderen Tag durchzuführen. So ist für beides ausreichend Zeit und Konzentration vorhanden.

Gestalten:
Die Kinder machen sich auf die Suche nach dem Material, dass sie für die Gestaltung benötigen. Wichtig ist, dass Sie sich an einem Platz befinden, an dem für alle Material im Überfluss vorhanden ist, so dass jeder bei seinem Projekt bleiben kann und sich nicht damit beschäftigen muss, ob er genug findet.
Wenn ein Kind meint, es hat ausreichend Material beisammen, sucht es sich einen Platz und beginnt, seine Gegenstände so zu legen und anzuordnen, dass eine Form für sein Kraftzentrum entstehen kann. Achten Sie darauf, dass die Kinder keine Äste abbrechen oder Blätter abreißen, sondern möglichst frei herum liegende Naturmaterialien nutzen.

Dokumentieren:
Arbeiten in der Tradition der Lands Art sind naturgegeben sehr flüchtig, weil sie mit dem Wind, dem Regen, der Sonne und der vergehenden Zeit schnell verwittern bzw. sich auflösen. Es ist dabei nicht nur das fertige Produkt am Schluss wichtig, sondern der Prozess des Entstehens, der Blick für die Natur, das Finden der Werkmaterialien und das Suchen der richtigen Form. Daher sollte sowohl das Endprodukt wie auch verschiedene Phasen des Entstehens durch Fotos dokumentiert werden.

Abschluss:
Die Gruppe schaut sich gemeinsam die verschiedenen Werke an.
Jedes Kind bekommt einige Bilder von seinem Werk und seiner Entstehung.

Schön ist es auch, eine Ausstellung mit diesen Werken und ihrer Entstehung zu arrangieren. Die Bilder sind häufig sehr sehenswert.

Anmerkungen:
Diese Art der Stilleübung führt auf eine aktive Weise in die innere Ruhe. Durch das Thema geleitet, aber auch durch die Auseinandersetzung mit der Natur werden die Kinder in ihr Zentrum geführt und verbinden sich mit der Kraft der Natur. Diese Auseinandersetzung mit sich selbst über die Naturmaterialien stärkt das eigene Selbstgefühl und die Selbstwahrnehmung. Zugleich führt es die Schönheit der Natur vor Augen und regt die Kreativität an. Aus diesen Arbeiten können bedeutsame Ressourcen entstehen.

Lands Art 2 – Gemeinsame Arbeit an einem Thema

Ziele:
- sich mit der Natur verbinden und in Gemeinschaft sein
- gemeinsam die Schönheit der Natur entdecken und genießen
- ein gemeinsames Werk gestalten und dabei kommunizieren und kooperieren

Material:
Bücher über Lands Art; Material, das in ausreichender Menge jahreszeitlich zur Verfügung steht, z. B. farbige Blätter im Herbst, Steine, Stöcke, Blüten, Rinde und ähnliches; einen Fotoapparat, um die Arbeiten zu dokumentieren; zwei oder drei verschiedene Beispiele zum Thema, die sie bereits vorbereitet und fotografiert oder aufgeklebt haben

Ablauf:

Vorbereitung, Einführung:
Die Kinder sollten sich bereits zuvor schon einmal mit der Gestaltung nach Lands Art beschäftigt haben. Geben Sie das Thema(z. B. einen Wert wie „Freundschaft“ oder auch ein Gefühl wie „Freude“ oder „Mut“) bekannt, mit dem sie dieses Mal arbeiten sollen, und schauen sie zur Einstimmung noch einmal die Bücher an.
Besprechen Sie mit den Kindern, welches Material diesmal zur Verfügung steht.

Gestalten:
Lassen sie die Kinder an dem Platz, an dem sie ihre Objekte gestalten sollen, Teams zu zweit oder zu dritt bilden. Führen Sie sie im Anschluss daran noch einmal in das Thema ein. Sprechen Sie mit ihnen beispielsweise darüber, was Freundschaft ist, wie sich das anfühlt, Freunde zu haben und ihnen zu vertrauen und fragen sie die Kinder, was ihnen wichtig ist an Freundschaft. Nun fordern Sie sie auf, in ihrem Team ein Objekt zu gestalten, was etwas beinhaltet, was ihnen wichtig an „Freundschaft" ist.
Erster Schritt: Die Kinder suchen sich Material aus, das entweder am Ort vorhanden ist oder mitgebracht wurde.
Zweiter Schritt: Die Kinder beginnen mit der gemeinsamen Gestaltung.

Dokumentieren:
Da die Arbeiten in der Tradition der Lands Art mit dem Wetter schnell vergehen, sollten sie mit Fotos dokumentiert werden. Fotografieren sie die Kinder beim Aussuchen der Materialien, beim Ordnen und Legen der Materialien und bei den verschiedenen Kommunikationsprozessen miteinander.

Abschluss:
Die Gruppe schaut sich gemeinsam die verschiedenen Werke an.
Später bekommen die Kinder einige Bilder von ihrem Werk und seiner Entstehung.
Auch hier ist eine Ausstellung eine gute Möglichkeit, das Thema mit den Kindern weiterzuverfolgen und darüber hinaus die kreative Arbeit, die soziale und kommunikative Leistung und die Auseinandersetzung mit bestimmten Werten oder Gefühlen nach außen darzustellen.

Anmerkungen:
Zum einen wirkt diese Arbeit mit Naturmaterialien, die zumeist im Freien stattfindet, ausgleichend und harmonisierend. Sie weckt die kreativen Kräfte und zentriert zugleich. Zum anderen sind die Kinder durch die Arbeit im Team zusätzlich zur gestalterischen Arbeit gefordert, sich mit anderen über das gewählte Thema auszutauschen, gemeinsame Lösungen zu entwickeln und auf vielfältige Weise miteinander zu kommunizieren.
Durch die Präsentation nach außen können die Eltern und möglicherweise andere Teile der Gemeinschaft miteinbezogen werden, indem die Ausstellung in einem öffentlichen Gebäude gezeigt wird.

Was können meine Mama oder mein Papa besonders gut?

Ziele:

- Mitglieder der eigenen Familie und deren Können wahrnehmen
- mit Stolz auf die eigene Familie schauen und so die eigene biographische Ressourcen stärken
- den Begriff des Könnens erweitern
- Vielfalt schätzen lernen
- sich mit „gleich“ und „anders“ auseinandersetzen

Material:

Malfarben, Papier und weitere Malutensilien

Ablauf:

Erzählen Sie in einer Gesprächsrunde mit den Kindern einige Beispiele von sich selbst oder anderen Kindern. Es geht dabei darum, ein bestimmtes Können der Eltern aus der Kind-Perspektive herauszustreichen, auf das man stolz sein und über das man sich freuen kann. Dabei gibt es bestimmte Arten des Könnens, die offensichtlich und gesellschaftlich anerkannt sind. Dazu zählen folgende Beispiele: Mein Vater kann gut Autos reparieren, gut mit Computer umgehen, meine Mutter kann gut kochen oder viel Geld verdienen, . . . Darüber hinaus gibt es weitere Bereiche, die kleinere, weniger anerkannte Bereiche beschreiben, aber häufig sehr wichtig im Alltag sind. Beispiele dafür sind: Meine Mutter kann gut malen oder mir gut vorlesen, mein Vater kann gut Witze erzählen, gut zuhören oder gut mit mir kuscheln, . . .
Entscheidend ist, dass der Blick hier nicht so sehr auf „große Taten“, sondern auf alltägliches Können gelenkt wird, das für die Beziehung wichtig ist oder auch auf kleine Schätze.

Dann laden Sie die Kinder ein, zu überlegen, was ihre Eltern gut können und auf was sie stolz sind. Lassen Sie die Kinder in der Runde ihre Beispiele erzählen und achten Sie darauf, dass die verschiedenen Dinge, die die Kinder erzählen, gleichwertig behandelt werden. Es soll nicht darum gehen, dass die Kinder in einen Wettstreit miteinander treten, sondern darum, in ihnen die Verbindung zu ihrer Familie und den Stolz auf ihre

Wurzeln zu stärken. Im Vordergrund sollte daher stehen, dass gerade die Vielfalt der verschiedenen Möglichkeiten interessant und schön ist.

Nach der Gesprächsrunde legen sich die Kinder ihre Malsachen zurecht. Sie überlegen, welche Farben zu dem passen, auf was sie stolz sind, und bringen diese Farben aufs Papier.
Abschließend schauen die Kinder der Gruppe gemeinsam ihre Werke an.

Anmerkung:
Die Idee dahinter ist, dass man kleine Dinge als wichtig und als Anlass sehen kann, stolz zu sein. Dies stärkt die eigenen Wurzeln und erlaubt es zugleich auch, bei sich selbst auf „kleine" Dinge stolz zu sein, was so in doppelter Weise das Selbstwertgefühl stützt. Implizit findet hier eine Auseinandersetzung damit statt, worauf man stolz sein kann. Es geht hier also darum, was wertvoll ist und damit um Wertebildung. Über die großen Taten und Konsumgüter hinaus wird der Blick auf Wertvolles im alltäglichen Miteinander gelenkt.

Familiengeschichten über schöne und wichtige Momente

Ziele:
- positive Familiengeschichten sammeln
- Gespräche über Werte mit den Kindern und in der Familie anregen
- Familie als Wurzeln und als Ressource begreifen
- Selbstvertrauen stärken

Material:
ein oder zwei eigene Geschichten, die als Beispiele dienen können; ein vorbereiteter Zettel, der die Kinder daran erinnert, ihre Eltern zu fragen

Hinweis:
Diese Übung ist erst ab einem Alter von ca. 5 Jahren sinnvoll und für eine kleinere Gruppe bis zu zehn Kindern geeignet.

Ablauf:
Diese Übung gliedert sich in drei Teile, die zu verschiedenen Zeiten stattfinden: die Vorbereitung, das Gespräch der Kinder mit den Eltern und das gemeinsame Erzählen in der Kindergruppe.

Bei der Vorbereitung führen Sie die Kinder in das Thema ein, indem sie beispielhaft von einigen Geschichten berichten, in denen Eltern bzw. Großeltern von schönen und wichtigen Momenten erzählt haben. Bitten Sie die Kinder, nun bei ihren eigenen Eltern auf die Suche nach solchen Geschichten zu gehen, indem sie sie nach solchen schönen Momenten in ihrer Kindheit fragen. Geben Sie den Kindern den Zettel als Erinnerung mit und legen Sie auch den Tag (bzw. die Tage) fest, wann alle wieder gemeinsam zusammenkommen und die gesammelten Geschichten erzählen. Sinnvoll ist es nur einen Tag oder ein Wochenende Abstand zu haben und dann das Thema wieder aufzugreifen. Auch hat es sich bewährt, die Eltern über das „Geschichten–Sammel-Projekt“ zu informieren und sie um Unterstützung zu bitten, beispielsweise durch ein gut sichtbares Plakat oder eine Information an einem Elternabend.
Den zweiten Teil überlassen Sie den Kindern und ihren Eltern.
An dem festgelegten Tag kommen alle zusammen und machen es sich in einem Erzählkreis gemütlich. Nun werden die Geschichten der Eltern von den Kindern in der Runde erzählt. Natürlich kann es auch einen gemeinsamen Erzählkreis mit den Eltern geben.

Anmerkung:
Auf diese Weise kann man selbst (und ohne Fernsehen) interessante Geschichten aus anderen Zeiten sammeln und erzählen, die mit jeweils persönlichen Erfahrungen verbunden sind.
Positive Erfahrungen und damit verbundene Werte werden in der Familie weitergegeben und können so zur Familientradition beitragen. Die Kinder präsentieren sich in positiver Weise mit ihrer Familie, während die anderen jeweils zuhören. Die positiven Geschichten bleiben wie ein Schatten mit dem Kind verbunden, es wird mit ihnen wahrgenommen und ist in einen größeren Zusammenhang eingebettet. Dieselbe Übung könnte auch mit den Großeltern durchgeführt werden, um so die Ressourcen der Kinder zu erweitern und das Leben zu einer anderen Zeit für die Kinder erlebbar zu machen.
Darüber hinaus fühlen sich die Kinder durch die Erzählung der Eltern in deren Erfahrung, als sie selbst Kinder waren und mit ihren Eltern zusammenlebten, ein. Dieses Sammeln und Erzählen von Geschichten fördert also auch automatisch die Perspektivenübernahme.

Der Nachdenk-Ort

Ziele:

- gemeinsam einen Platz schaffen, der das Nachdenken fördert und erleichtert
- eine Kultur des kindlichen Philosophierens als pädagogisches Instrument ausbauen
- den kindlichen „Fragewellen“ Rahmen, Raum und Zeit geben

Material:
Geschichte; Malsachen und Papier, Gegenstände zum Ausschmücken

Ablauf:

Vorbereitung:
Ein Ort zum Nachdenken ist aus verschiedenen Gründen sinnvoll.
Kinder bekommen einen markierten Platz, der in zweierlei Weise verwendet werden kann. Wenn Kinder ihn alleine aufsuchen, werden sie dort nicht gestört oder unterbrochen. Sie können sich mit der Aufmerksamkeit nach innen wenden, um bestimmten Fragen nachzugehen. Sie können dort über Erlebtes nachdenken, sich über ihre Bedürfnisse und Wünsche klar werden oder auch ein Rätsel lösen.
Wenn sie diesen Platz gemeinsam mit einer Fachkraft oder anderen Kindern aufsuchen, können sie Fragen stellen oder in Teamarbeit spannende Themen ergründen und gemeinsam Rätsel lösen.

Werden Sie sich über Ihre Ziele und Wünsche bewusst, die Sie mit einem künftigen Nachdenk-Ort verbinden:

- Was ist Ihnen für einen solchen Ort wichtig und wofür soll er stehen?
- Welche Regeln bzw. welchen „Benutzerleitfaden“ bräuchte ein solcher Ort?

Legen Sie Malsachen, das Papier oder andere Gegenstände zum Ausschmücken an einem eher ruhigen bzw. ungestörten Platz bereit, der Ihnen als Nachdenk-Ort geeignet erscheint.

Den Platz markieren:
Versammeln Sie nun die Kinder an dem ausgesuchten Platz. Erzählen Sie ihnen, wofür Sie sich hier mit Ihnen gemeinsam getroffen haben und erklären Sie Ihre Ideen zum Nachdenk-Ort.

Sprechen Sie mit den Kindern darüber, wie so ein Ort beschaffen sein sollte, damit man richtig gut nachdenken kann:

- Wie kann man ihn gemütlich und kuschelig einrichten?
- Was würde das Nachdenken behindern, was es fördern?
- Bräuchte es beispielsweise die Möglichkeit zum Abspielen leiser Musik?
- Oder sind bestimmte Bücher notwendig?
- Welche Regeln sind wichtig, um gut nachdenken zu können, miteinander zu reden und sich zuzuhören?

Unterstützen Sie die Kinder dabei, ihre Ideen einbringen und überlegen Sie nach der „Ideensammel-Phase" gemeinsam, welche Ideen sie umsetzen wollen.

Finden Sie mit den Kindern zusammen eine Figur, die künftig an diesem Platz wohnen darf, und darauf achtet, dass er ein „guter" Ort bleibt, zum Beispiel könnte es der Kluge Rabe „Denkscharf" sein.

Leiten Sie im Anschluss daran erste Schritte zur Ausgestaltung dieses Platzes ein und beziehen Sie die Kinder umfassend mit ein.

Einweihung des Nachdenk-Ortes:
Wenn der Platz eingerichtet ist, gestalten Sie mit den Kindern zusammen eine kleine Plakatwand mit ihren aktuell wichtigsten Fragen, die ihnen momentan einfallen und heißen sie diese in einem gemeinsamen spielerischen Einweihungsritual herzlich willkommen.

Fördern Sie eine Kultur, in der die Kinder diesen neuen Nachdenk-Ort regelmäßig besuchen und nutzen.

Anmerkungen:
Ein solcher Nachdenk-Ort kann ein wichtiger Platz zum Vorlesen und Unterhalten sein und zum Finden von Lösungen genutzt werden. Er bietet den vielen Warum-Fragen der Kinder einen passenden Rahmen und Zeitpunkt.
Darüber hinaus stellt er eine Möglichkeit dar, Kinder spezifisch zu fördern, die eine hohe Begabung und ein starkes kognitives Interesse an verschiedenen Fragen aufweisen, das nicht von allen anderen geteilt wird. So werden auch diese Kinder entsprechend ihren Neigungen und Fähigkeiten individuell unterstützt

Es geht also darum, den Rahmen so zu gestalten, dass Kinder zur Ruhe kommen können und Stille und Raum zum Nachdenken haben. Die Überflutung mit permanenten Reizen und die Orientierung auf Konsum sollen begrenzt werden.
Eine Kultur der Achtsamkeit, die hier auf innere Denk-, Lern- und Verarbeitungsprozesse und den Austausch darüber gerichtet ist, ist bei der Gestaltung des Platzes das übergeordnete Ziel.

Meine Edelsteine – Schau mal, was ich alles kann

Ziele:

- den kindlichen Selbstwert entwickeln und stärken
- eine positive Selbsteinschätzung fördern
- die Basis für Selbstwirksamkeit schulen

Material:

Geschichte oder Märchen zur Einstimmung, z. B. „Die Bremer Stadtmusikanten"; mehrere Schachteln voller glänzender Papierschnipsel, die Diamanten und andere Edelsteine darstellen sollen; Wachsstifte; Papier; Klebestifte; eine ruhige Ecke ohne Ablenkung

Ablauf:

Zur Einstimmung:
Lesen Sie den Kindern die Geschichte „Die Bremer Stadtmusikanten" vor. Tragen Sie anschließend mit den Kindern die Fähigkeiten der einzelnen Darsteller zusammen (der Hahn kann . . ., der Esel macht . . . ganz prima) und auch das, was sie können, wenn sie ihre verschiedenen Fähigkeiten zusammenlegen.

Fragen Sie die Kinder, wer in ihrer realen Erlebniswelt außerhalb der Gruppe (Mama, Papa; Nachbar, Katze, Hund, andere Haustiere, die sie kennen, . . .) etwas gut macht oder kann.

Die eigenen Schätze wahrnehmen:
Nun richten Sie den Fokus auf die eigenen Fähigkeiten der Kinder. Sammeln sie gemeinsam, was die Kinder in der Gruppe gut können – wie z. B. schnell die Schleife binden, gut klettern, mit Stelzen laufen, gut Puzzle legen, gut mit Legosteinen bauen etc.
Wichtig ist hier, den Kindern ein wenig bei ihrer Suche zu helfen, damit die Eigenschaften, die „herausgeholt" werden sollten, in den Vordergrund treten können. Auch die anderen Kinder dürfen bei der Sammlung helfen.

Wenn jedes Kind einiges gefunden hat, folgt der nächste Schritt: Jedes Kind nimmt sich einen Bogen Papier, einen Klebestift und einen Wachsstift. Mit dem Stift zeichnet es ein großes Viereck auf das Blatt, das die geöffnete Schatzkiste darstellen soll. Nun sucht es sich für alles, was es bereits gut kann und worüber es sich freut, jeweils einen „Edelstein" aus einer bereitgestellten Schachtel mit glänzenden Papierstückchen. Die Edelsteine werden in das Viereck geklebt, so dass die persönliche Schatztruhe mehrere wichtige Edelsteine enthält. Wenn die Kinder möchten, können Sie das Bild noch ausschmücken.

Veröffentlichen Sie wieder die Ergebnisse dieser persönlichen Schatzsuche um diesen Ressourcen mehr Raum zu geben und sie damit im Empfinden der Kinder zu vergrößern. Sie können z. B. mit den Kindern eine Wandzeitung gestalten in Form einer Gruppencollage und diese bei einem Fest aufhängen, damit ganz viele Leute davon erfahren.

Anmerkungen:
Selbstwert ist eine wesentliche Voraussetzung für einen toleranten Umgang mit Anderen und für ein Miteinander, das von demokratischen Werten geprägt ist.
Selbstwert basiert auf dem, was man kann, wo man sich wirksam erfährt und mit dem man sich positiv identifizieren kann.

5.1.3 Gelebte Werte und Gemeinschaft

Worum es geht

Einige der folgenden Übungen und Anregungen können dabei helfen, mit den Kindern über Werte und das Zusammenleben in einer Gemeinschaft ins Gespräch zu kommen. Andere Vorschläge bieten einen Rahmen an, innerhalb dessen bestimmte Werte wie beispielsweise Kooperation und Mitgefühl in der Gemeinschaft gelebt, erfahren und eingeübt werden können.

Was wichtig ist

Es soll dabei im Vordergrund stehen, zum Nachdenken und zum Dialog anzuregen, Konsequenzen von Handlungen zu überlegen und Werte bei sich und bei anderen wahrzunehmen. Wichtig ist darüber hinaus, als Erwachsener seine eigenen Werte zu reflektieren, da man als Vorbild den Kindern die eigenen Werte immer über das Verhalten mitteilt.

Was man machen kann

Der alte Großvater und der Enkel

Ziele:

- Perspektivenübernahme, sich hineinversetzen in die Lage eines anderen Menschen
- Auseinandersetzung mit der Frage, was moralisches Verhalten ist und welche Werte im Miteinander Vorrang haben sollten

Material:
Geschichte „Der alte Großvater und der Enkel" (aus Leo Tolstois „Erstem Russischen Lesebuch")

Der alte Großvater und der Enkel
Der Großvater war sehr alt geworden. Seine Beine wollten nicht mehr gehen, seine Augen nicht sehen, seine Ohren nicht hören, und er hatte keine Zähne mehr. Wenn er aß, tropfte ihm das Essen aus dem Mund.
Der Sohn und die Schwiegertochter mochten das nicht länger mit ansehen. Von da an musste er allein, hinter dem Herd, essen. Einmal brachten sie ihm das Abendessen in einer Tasse. Der alte Mann wollte die Tasse verrücken, dabei fiel sie hin und zerbrach. Die Schwiegertochter schimpfte mit dem alten Mann, weil er alles im Haus verschüttete und Tassen zerbrach, und sie sagte, sie werde ihm von nun an das Essen in einer Spülschüssel geben. Der alte Mann seufzte nur und schwieg.
Einmal sahen der Mann und seine Frau, wie ihr kleiner Sohn zu Hause auf dem Fußboden mit ein paar Brettern spielte und etwas daraus baute. Der Vater fragte: „Was machst du da, Mischa?" Und Mischa antwortete: „Lieber Vater, ich mache eine Spülschüssel. Wenn du und die liebe Mutter einmal alt seid, könnt ihr aus dieser Schüssel essen". Der Mann und die Frau sahen einander an und begannen zu weinen. Sie schämten sich, dass sie den alten Mann so gekränkt hatten. Und von diesem Tag an saß er wieder bei ihnen am Tisch, und sie bedienten ihn.

Ablauf:

Bereiten Sie gemeinsam einen gemütlichen Platz vor, an dem Sie mit den Kindern bequem für einige Zeit verweilen können.

Lesen Sie ihnen die Geschichte vom Großvater und seiner Familie vor.

Sprechen Sie im Anschluss daran mit den Kindern über die Geschichte. Fragen Sie die Kinder zunächst, wie es ihnen mit der Geschichte gegangen ist. Besprechen Sie mit den Kindern ihre ersten Empfindungen und Gedanken nach dem Hören der Geschichte. Erst danach sollten weitere Aspekte thematisiert werden, falls sie die Kinder noch nicht angesprochen haben.

- Kennt ihr jemanden, der auch so schlecht hört oder sieht und nicht mehr alles alleine machen kann?
- Wo und von wem bekommt dieser Mensch Unterstützung?
- Wie geht es euren Groß- oder Urgroßeltern?
- Leben sie in der Nähe oder weiter entfernt?
- Brauchen sie bei gewissen Dingen Hilfe?
- Wie helfen sie wiederum euch?
- Kennt ihr auch junge Menschen, die vieles noch nicht können und Hilfe brauchen (z. B. kleinere Geschwister)?
- Wie und von wem bekommen sie die Hilfe?
- Gibt es Bekannte oder Geschwister, die eine Behinderung haben?
- Was können diese Personen alleine und wobei benötigen sie Hilfe?
- Und ihr, braucht ihr auch manchmal Hilfe?
- Von wem bekommt ihr sie?
- Gibt es Momente, wo es schön ist, unterstützt zu werden und andere, in denen es nicht angenehm ist?
- Was ist dann der Unterschied?

Anmerkungen:

Diese Geschichte soll die Auseinandersetzung damit anregen, wie man Menschen betrachtet, die etwas nicht mehr können und Hilfe brauchen. Das lässt sich in ähnlicher Weise auf das „Noch-nicht-Können" von kleineren Kindern übertragen. Es geht darum, wie man mit „Nicht-Können", mit Missgeschicken, Ungeschicklichkeiten, dem Zerbrechen und Ausschütten von Dingen umgeht. Wie wird der Mensch bewertet, dem diese Ungeschicklichkeiten passieren? Welche andere Sicht auf den Menschen in seiner Entwicklung und in verschiedenen Lebensbereichen lassen uns weniger „hart“ über ihn urteilen? Kann er etwas anderes heute gut? Auf was blickt er zurück und auf was voraus? Wie kann man die Lebensgeschichte und die Erfahrungen der älteren Generation so aktivieren, dass sie für alle Beteiligten unterstützend wirkt? Bei Älteren kann dies durch die Anerkennung des früher Geleisteten und bei den Kindern durch positive Identifikationsmöglichkeiten in ihrer Familie geschehen.

Fundevogel

Ziele:

- sich mit dem Thema Zusammenhalten und Freundschaft auseinandersetzen
- Märchenwelt und Lebenswelt unterscheiden und Werte übertragen

Material:

„Fundevogel“ (Grimms Märchen), Malsachen

Ablauf:

Machen Sie es sich mit den Kindern gemütlich und lesen Sie ihnen das Märchen vom Fundevogel vor.
Im Anschluss daran sprechen Sie mit den Kindern über das Märchen und ihre Empfindungen. Was war schön, was bedrohlich, was hat Fundevogel und Lenchen geholfen?

Sprechen Sie anschließend mit ihnen über Freundschaft und die damit verbundenen Gefühle und Verhaltensweisen. Was zeichnet Freundschaft aus? Wann ist jemand ein guter Freund? Was darf man nicht machen in einer guten Freundschaft?

Nach der Gesprächsrunde malen die Kinder ein Bild zu dem Thema Freundschaft und dem, was es für sie bedeutet.
Abschließend schauen alle Kinder gemeinsam ihre Werke an.

Anmerkung:

Die Werte, die in den Märchen vorhanden sind, werden auf die heutige Zeit und die Lebenswelt der Kinder übertragen. Dabei werden die beiden Welten klar voneinander getrennt. Die Märchenwelt als Phantasie- und Geschichtenwelt, in der alles möglich ist, und die tatsächliche Welt, in der

die Kinder leben. Diese Unterscheidung kann auch gut genutzt werden in Situationen, in denen Kinder Geschichten erzählen, die ihrer Phantasie entsprungen sind oder nicht klar eingeordnet werden können. Hier hat es sich bewährt, nicht danach zu suchen, ob diese Geschichte stimmt oder nicht, sondern herauszufinden, in welche Welt sie gehört. Dies macht bei den Kindern einen großen Unterschied, denn ihre Phantasiegeschichte darf bestehen bleiben, ist nicht falsch, unwahr oder eine Lüge. Zugleich ist aber auch klar, dass sie nicht zu der tatsächlichen Lebenswelt gehört. Diese Haltung und Sicht auf die Geschichten vermittelt dem Kind Respekt für seine Phantasien und der dazugehörigen Kreativität, schafft aber auch Klarheit über tatsächliches Erleben oder Erleben in der Phantasiewelt, das sich übrigens ähnlich real anfühlen kann.
In dem Austausch über das Thema Freundschaft und Zusammenhalten findet eine Auseinandersetzung mit den dazugehörigen Verhaltensweisen und Gefühlen statt.

Unser Zoo

Ziele:

- kommunizieren und sich absprechen in kleinen und großen Gruppen
- Teile einer Arbeit übernehmen und zu einem gemeinsamen Werk ergänzen
- Kreativität und Phantasie fördern

Material:
ausreichend Knetmasse in verschiedenen Farben; eine große Platte als Untergrund für den Zoo, die später auch transportiert werden kann (sie muss also entweder durch die Tür der Gruppe passen oder die Arbeit findet gleich an dem Platz statt, an dem die Platte später stehen soll); eventuell Bildkärtchen für jede Aufgabe.

Ablauf:

Einführung:
Ziel ist es, gemeinsam einen Zoo zu gestalten mit verschiedenen Gehegen, Wasser, Felsen und vielen Tierfamilien, es können große und kleine, tat-

sächliche existierende Tiere oder auch Phantasietiere sein. Die Kinder gehen in Teams zu zweit zusammen, dann werden die Aufgaben verteilt. Jedes Team übernimmt die Aufgabe, einen Teil des Zoos zu gestalten. Später werden die einzelnen Arbeiten zusammengefügt.

Zu den Aufgaben:
Es müssen sowohl Gestaltungselemente der Zooanlage wie auch Tierfamilien geformt werden. Die Aufgaben können verschieden hohe Schwierigkeitsgrade haben, z. B. sind Schlangen leichter zu formen als Pferde oder Giraffen. Phantasietiere können leicht oder sehr aufwendig sein, daher kann man diese Wahl sehr gut an die Fähigkeiten der Kinder anpassen. Gestaltungsaufgaben der Teams können sein: Gehege oder Ausläufe, Felsen, Wasserflächen, verschiedene Tiere bzw. Tierfamilien, eventuell Grünflächen oder Futter. Die Gehege und Landschaftsteile werden direkt auf der Platte aufgebaut, während die Tierfamilien noch an anderen Plätzen gefertigt werden. So haben alle Gruppen ausreichend Platz.

Die Kinder beschäftigen sich eine bestimmte Zeit, die sich in etwa an ihrer Konzentrationsfähigkeit orientiert, damit, ihre Figuren zu formen.
In einem nächsten Schritt stellen die Kinder dann in der gesamten Gruppe nacheinander kurz ihre Arbeit vor. Dann werden die verschiedenen Teilarbeiten auf der Platte zu einem Zoo zusammengefügt.
Mit einer kleinen Feier wird das gemeinsame Werk abgeschlossen und gebührend gewürdigt.

Schön wäre es, wenn der Zoo für einige Zeit an zentraler Stelle als Schmuck im Kindergarten aufgestellt werden würde, und dadurch Gespräche darüber aufkommen können, beispielsweise wenn die Eltern mit den Kindern daran vorbei gehen oder auch Kinder der verschiedenen Gruppen darüber sprechen und gemeinsam den Zoo erkunden.

Anmerkungen:
Durch die Variante, Phantasietiere gestalten zu können, wird dem zweidimensionalen „richtig-falsch“-Leistungsgedanken entgegengewirkt, denn hier steht nicht die korrekte Wiedergabe der Gestalt, sondern die vielseitige Gemeinschaftsaufgabe im Vordergrund. Neben den emotionalen und sozialen Fähigkeiten (Erfolgserlebnis, Selbstwirksamkeit, Teamarbeit, Kooperation . . .) werden auch Feinmotorik und gestalterische Fähigkeiten gefördert.

Berufe – wer tut was?

Ziele:

- verbale Ausdrucksfähigkeiten schulen
- Teamarbeit
- Fokus auf Werte wie Unterstützung und gegenseitige Hilfe richten

Material:
Bilderbücher, oder Fotos, die Menschen beim Arbeiten zeigen

Ablauf:
Die Kinder bilden kleine Gruppen mit drei bis vier Kindern.

Erste Runde:
Jede Gruppe bekommt eine Berufsdarstellung und hat in der ersten Runde fünf Minuten Zeit, sich auszutauschen. Der Auftrag der ersten Runde lautet: Überlegt euch, wie dieser Beruf heißt und was dort genau getan wird. Die Kinder kommen wieder zur großen Gruppe zusammen und stellen jeweils die Berufe vor.

Zweite Runde:
Die Kinder gehen wieder in die gleiche Kleingruppe und bekommen eine neue Aufgabe.
Der Auftrag der zweiten Runde lautet: Besprecht gemeinsam, in welcher Weise dieser Beruf anderen hilft. Beispiele:

- Der Bäcker bäckt Brot, so dass die Eltern das nicht selbst machen müssen und in dieser Zeit etwas mit dem Kind unternehmen oder selbst arbeiten gehen können. Er steht früh auf und bäckt auch Brötchen, so kann die Familie am Wochenende länger schlafen und leckere Brötchen frühstücken.
- Der Müllmann sorgt dafür, dass die Straßen sauber sind. Der Müll überzieht nicht die Gegend, in der man lebt, mit Gestank wie im Mittelalter, sondern er wird auf einer entfernten Müllkippe gelagert oder vernichtet.
- Der Bademeister passt auf, dass den Kindern beim Schwimmen nichts passiert oder rettet sie, wenn sie in Not sind. Er behandelt auch die Wunden, wenn sich Kinder verletzt haben. Er meckert auch manchmal. Das tut er aber vor allem dann, wenn sich Kinder auf der Rutsche oder beim Springen ins Becken für sich oder andere gefährdend verhalten.

Nach einiger Zeit kommen die Kinder wieder in der großen Gruppe zusammen. Nun gibt es einen gemeinsamen Austausch darüber, in welcher Weise die verschiedenen Tätigkeiten hilfreich sein können.

Unterstützen Sie die Kinder dabei, weiter herauszuarbeiten, wie der Beruf andere unterstützt und was er zur Gemeinschaft beiträgt.

Anmerkung:
In dieser Aufgabenstellung soll deutlich werden, wie man sich gegenseitig hilft und wie natürlich es ist, dass in einer Gemeinschaft Aufgaben für andere mit übernommen werden und alle davon profitieren. Es sollte das Gefühl entstehen, Teil in einem größeren Netz zu sein, in dem man sich auf andere stützen kann. Die Tatsache, dass man etwas für andere tut, ist damit verbunden, dass man selbst etwas bekommt und umgekehrt. In diesem Gespräch geht es um den grundlegenden Gedanken der gegenseitigen Kooperation, der ein wichtiger Baustein im Fundament eines demokratischen Miteinanders darstellt.

Schöne Erde – schöne Welt

Ziele:
- erspüren und entdecken, was einem selbst auf dieser „Erde" wichtig ist
- erkennen und erfahren, was andere sich wünschen und was für sie schön ist
- gemeinsam eine Lebens- bzw. Zukunftsmetapher entwickeln

Material:
einen großen Papierbogen, kleine Papiere ca. 20 x 20 cm, Farbstifte, Kleber, verschiedene Bastel- und Naturmaterialien wie Wolle, Zweige, Heu oder getrocknete Blumen, evtl. auch Bilder aus Zeitschriften; Geschichten zur Einstimmung vorlesen z. B. aus dem Buch „Familien – Kinder aus aller Welt erzählen von zu Hause" von Uwe Ommer; Fotokamera für die Fotodokumentation der Aktion

Ablauf:

Einstimmung:
Lesen Sie die ausgewählte(n) Geschichte(n) vor. Sprechen Sie mit den Kindern über das Gesehene und Gehörte und fragen Sie sie nach ihrem Zuhau-

se, nach ihren Erfahrungen und Vorlieben, also nach dem, was ihnen dort wichtig ist:
Was finde ich schön auf der Erde, z. B. da, wo ich wohne?
Wann ist die Erde bzw. die Welt ein schöner Ort?
Was wünsche ich mir für diesen Ort?
Was ist wichtig – für die eigene Person und für andere, für das Miteinander, für den Hund oder die Katze, für das Dorf oder die Stadt, für das Land, für die ganze Erde?
Sammeln Sie gemeinsam mit den Kindern ‚kleine und große' Ideen für „jetzt" und für die Zeit, „wenn ich mal groß bin".

Umsetzung:
Malen Sie mit den Kindern auf einen großen Papierbogen eine große Erde oder eine Phantasiewelt, die viel leeren Raum hat, und erklären Sie den Kindern, dass sie diesen Raum jetzt füllen können mit dem, was für sie in einer schönen Welt wichtig ist.
Die Kinder können dies tun, indem sie ihren gesammelten Ideen einzeln mit Hilfe der verschiedenen Materialien einen sichtbaren Ausdruck geben (mögliche Variante: Die Kinder können bestimmte vorher besprochene Themen auch in kleinen Gruppen gemeinsam übernehmen).

Die Kinder haben nun die Möglichkeit, ihre Ideen über das, was auf der Erde schön und wichtig ist, entweder auf den kleinen Blättern zu gestalten und dann in die „Erde“ auf dem großen Papierbogen zu kleben oder gleich auf dem großen Papierbogen zu arbeiten.
Anschließend laden Sie die Kinder ein, für ihre kleinen Schätze in dieser „Erde“ einen Platz finden, mit dem sie sich wohl fühlen.

Wenn alle Kinder fertig sind, darf jedes der Kinder zeigen, was es in dieser „Welt“ für wichtig hält, es darf kurz erzählen. Die anderen Kinder dürfen nachfragen, wenn sie etwas nicht verstanden haben.
Falls aus Platzgründen das gemeinsame Werk wieder weggeräumt werden muss, machen Sie schöne große Fotos, damit Sie zu einem späteren Zeitpunkt mit den Kindern gemeinsam an der „Lebensmetapher“ weiterbauen können und so die Möglichkeit haben, diese bei Bedarf mit den Kindern weiterzuentwickeln.

Anmerkungen:
Das Thema kann auch gut geteilt und über mehrere Arbeitseinheiten behandelt werden, kann also schrittweise zum Beispiel als Wochenthema eingearbeitet werden. Auch ist es sehr empfehlenswert, diese gemeinsam geschaffene Lebens- und Entwicklungsmetapher mit den Kindern über lange Zeitspannen hinweg immer wieder aufzugreifen und anzupassen. Die Kinder erleben dadurch, dass das, was ihnen wichtig ist, von ihnen überprüft und weitergestaltet werden kann und muss. In diesem Sinne fördert es hier auch die Selbstwirksamkeit der Kinder, schult die Fähigkeit zur vorausschauenden Verantwortung für das Miteinander als Lebensraum.

Wie erleben Maus, Fuchs, Elefant und Giraffe die Welt?

Ziele:

- verschiedene Perspektiven einnehmen mit Hilfe von Tieren
- die Welt mit allen Sinnen wahrnehmen
- spielerisch empathische Fähigkeiten fördern

Material:

Bildkärtchen mit vier verschiedenen Tieren, die sehr unterschiedliche Perspektiven auf die Welt haben, z. B. Giraffe, Maus, Fuchs und Elefant; von jedem Tier gibt es mehrere Karten; einen großen Raum oder einen Platz in der Natur; einen lauten Gong, mit dem Anfang und Ende der Spielrunde angezeigt werden

Ablauf:

Spielerklärung:

Versammeln Sie sich mit den Kindern an dem Ort, an dem Sie spielen wollen und erklären Sie den Ablauf des Spiels.

Die Kinder ziehen eine Tierkarte und zeigen sie in der Gruppe. Sie gehören jetzt für eine Runde zu der Tierfamilie ihrer Karte. Wenn der Gong einmal geschlagen wird, geht die Runde los und die Kinder versuchen, ganz wie das Tier ihrer Familie durch die Welt zu gehen. Sie schauen aus der Perspektive, suchen Nahrung, bewegen sich wie das Tier und versuchen, in einer ähnlichen Weise wie das jeweilige Tier über ihre verschiedenen Sinne wahrzunehmen. Das Ende der Runde wird angezeigt, indem der Gong dreimal geschlagen wird. Nun kommen die Kinder schnell wieder bei dem Gong zusammen.

Um die Vorstellungskraft und die Sinne zu schärfen, besprechen Sie vor dem Spielbeginn kurz jedes Tier durch. Wie sieht die Giraffe (Maus, Elefant und Fuchs) die Welt, was hört sie in ihrer Welt, was kann sie riechen, schmecken, spüren? Was isst sie? Wie bewegt sie sich?

1.Runde

Nun beginnt mit dem Gongschlag die erste Runde. Die Kinder erkunden als Tiere das Gelände mit allen Sinnen und begegnen sich dabei. Nach ca. 3 – 5

Minuten ertönt der dreifache Gong und die Kinder kehren an den Ausgangsplatz zurück. Nehmen Sie sich etwas Zeit, in der die Kinder von ihren Erfahrungen berichten dürfen, bevor sie zur zweiten Runde kommen.

2.Runde
Die Kinder dürfen sich jetzt ein Tier von den verbleibenden dreien, die es noch nicht gespielt hatte, aussuchen. Mit dem Gong startet die zweite Runde. Geben Sie den Kindern nach der zweiten Runde etwas Raum, um von ihren Erfahrungen mit der neuen Perspektive zu berichten.

3. und 4.Runde
Wieder werden die Erfahrungen ausgetauscht und anschließend die Rollen gewechselt, bis jedes Kind einmal jedes Tier gespielt hat.

Abschluss
Besprechen Sie mit den Kindern Ähnlichkeiten und Unterschiede der Perspektive:.

- Was ist eher gleich zwischen bestimmten Tieren?
- Was ist sehr unterschiedlich?
- Was nimmt das eine Tier wahr, was das andere?

Hinweise zur Besprechung: Die Giraffe und der Elefant sind beide sehr groß und schauen eher von oben, sind aber in der Bewegung und beim Fressen sehr unterschiedlich. Die Maus ist ganz dicht am Boden und sieht nur kurze Distanzen. Ihre Welt ist ihre nahe Umgebung, während die Giraffe eine Welt von oben sieht und einen weiten Überblick hat. Beim Fressen benutzt die Maus die Vorderpfoten, was die anderen drei Tiere nicht tun. Der Fuchs kann weite Strecken schnell rennen usw.

Anmerkungen:
Spielerisch werden die Kinder vertraut mit verschiedenen Perspektiven. Sie üben das Ein- und Aussteigen aus einer bestimmten Perspektive, das durch das Ritual des Gongschlags am Anfang und am Ende der Runde klar signalisiert wird. Sie erfahren, dass mit verschiedenen Perspektiven auch verschiedene Dinge wahrgenommen und die Sinne anders aktiviert werden. Die umgebende Welt ändert sich mit der Perspektive, aus der man sie betrachtet. Hier geht es um wichtige Grundlagen der Empathie, zu der die Fähigkeit der Perspektivenübernahme und das Mitfühlen gehören.

Arbeitsblatt
„Wie erleben Maus, Fuchs, Elefant und Giraffe die Welt?“ (1)

Arbeitsblatt
„Wie erleben Maus, Fuchs, Elefant und Giraffe die Welt?“ (2)

Mit meinem Wanderstock zu Besuch bei anderen Kindern dieser Welt

Ziele:

- den Werterahmen anderer Menschen und Kulturen kennen lernen
- erfahren, dass das Fremde, das Andere interessant und schön sein kann
- die Fähigkeit zur Perspektivenübernahme fördern

Material:

Kissen und Kuscheldecken; ein Globus oder eine Weltkarte; Bücher, die von den Erlebnissen, dem Alltag, den Gefühlen, den Wünschen und Befürchtungen von Kindern in anderen Ländern dieser Welt erzählen, z. B. von Beatrix Schnippenkötter (2006): „Ich wäre gern ein Huhn – Was Kinder aus aller Welt erleben und sich erträumen" oder Uwe Ommer (2003). „Familien – Kinder aus aller Welt erzählen von zu Hause"; einen kleinen Wanderstock für jedes Kind (empfehlenswert: den Stock bereits vorher bei einem Waldspaziergang mit den Kindern sammeln und entweder trockenes Holz nehmen oder den Stock einige Zeit trocknen lassen, weil sonst die Farbe nicht gut hält), Acrylfarben, Pinsel, Malkittel

Ablauf:

Gemeinsam zu Besuch bei anderen Kindern:

Bereiten Sie einen ruhigen Ort vor, an dem ein gemeinsames Gespräch möglich ist. Laden Sie die Kinder ein, es sich dort mit den Kissen und Decken gemütlich zu machen und führen Sie sie anschließend mit der Metapher „Wir wandern um die Welt und besuchen andere Kinder" in das Thema der (ruhigen) Aktivität ein.

Erforschen Sie nun gemeinsam mit den Kindern, wie andere Kinder in dieser Welt leben, was ihnen wichtig ist, wovon sie träumen, wovor sie Angst haben oder was sie glücklich macht.

Geben Sie den Kindern Raum für Fragen, für Kommentare, spontane Äußerungen und für Vergleiche. Sprechen Sie über Fremdes und Vertrautes, über Interessantes oder Beängstigendes, das im Zusammenhang mit den Berichten der Kinder aus den Büchern steht. Bei jüngeren Kindern ist es günstig, dass Sie zuvor eine Auswahl getroffen haben, mit welchen

Kindern und Familien aus den Büchern Sie sich in Ihrer Kindergruppe beschäftigen möchten. Ältere Kinder können sie in der aktuellen Situation in den Auswahlprozess mit einbeziehen.

Dieses „Wandern um die Welt" ist als regelmäßige, sich wiederholende Aktivität gedacht, daher ist es sinnvoll, einen entsprechenden „Anker" zu gestalten, durch den diese Aktivität markiert wird. Das Gestalten eines eigenen Wanderstocks ist eine Möglichkeit dazu.

Herstellen der Wanderstöcke:
Die Kinder bereiten sich und die Umgebung zum Malen mit Acylfarben vor, indem sie den Malkittel anziehen und ihren Arbeitsplatz mit Zeitung oder Folie abdecken. Nun nehmen sie den Stock und schmücken ihn mit den Farben und Formen, die sie mit der Freude am Wandern und dem Entdecken von Neuem verbinden. Ca. 10–15 cm bleiben dabei als Grifffläche frei, so dass sie dort den Stab auch beim Bemalen festhalten können. Nach dem Trocknen ist die Farbe wasserunlöslich, so dass der Stock bei „neuen Ausflügen" zu Kindern anderer Kulturen (das schließt natürlich auch Kinder an verschiedenen Orten innerhalb unseres Landes ein) immer wieder in die Hand genommen werden kann.

Die fertigen Wanderstöcke werden in der Runde vorgestellt und bekommen einen Platz im Raum. Bei der nächsten Beschäftigung mit Kindern aus anderen Kulturen werden sie wieder hervorgeholt, angeschaut und angefasst, bevor sie neben dem Gesprächsplatz aufgestellt werden und eine neue Gesprächsrunde beginnt.

Anmerkungen:
Für Kinder sind in der Regel die Lebensweisen andere Kinder in anderen Ländern sehr interessant. Diese Übung soll diese natürliche Tendenz aufgreifen und kann dabei helfen, sich in die Wertewelt anderer Kulturen und Lebensverhältnisse einzufühlen und andere „Wertigkeiten" kennen zu lernen. Fremd ist immer das, was man nicht kennt, was unvertraut erscheint. Diese Gesprächsrunde bietet die Möglichkeit, sich in einem vertrauten Rahmen mit Fremdem auseinanderzusetzen, dass auf diese Weise ein Stück vertrauter werden kann. Schön ist es auch, dass hier die Kinder und Familien aus ihrer Sicht erzählen und selbst zu Wort kommen, und nicht ein Vertreter unserer Kultur berichtet und dabei bereits übersetzt.

Dieses Thema ist gut als Projekt über einen längeren Zeitraum durchführbar, z. B. mit einem regelmäßigen Termin in der Woche. Sie können dabei die Kinder in die Themenwahl mit einbeziehen und sie ermuntern, eigene Geschichten über andere Kinder und Familien mitzubringen.
Auch können bei einer Gesprächsrunde Brückenfragen entstehen, wie zum Beispiel, worüber sich ein Kind aus dem besuchten Land zum Geburtstag freuen würde, was dort für Spiele gespielt werden, ob auch Kinder in ganz kalten Regionen der Erde leben usw. Solche Brückenfragen können gut für weitere „Einheiten“ genutzt werden. Sie können beispielsweise dort wieder aufgenommen werden oder sie können das nächste Thema bestimmen.

5.1.4 Problemlösen

Worum es geht

Im Folgenden geht es um Theater- bzw. Rollenspiele, in denen die Kinder durch Zuschauen, Miterleben und aktives Tun verschiedene Wege des Problemlösens erfahren und gestalten können. In einem gleich bleibenden Übungsablauf werden dabei verschiedene Themen und Inhalte bearbeitet, die je nach Aktualität und Förderinteresse von den Fachkräften bzw. betreuenden Personen ausgewählt werden können. So kann dieser Ablauf einmal dabei helfen, auf eine aktuelle Thematik zu reagieren. Darüber hinaus kann er auch als festes, immer wiederkehrendes Instrument eingesetzt werden, um Problemlösungsverhalten bei Kindern zu fördern und Debatten darüber in Gang zu bringen, was angemessenes und unangemessenes Verhalten in einer Gemeinschaft bedeuten. Auf diese Weise können die Kinder spielerisch und in einem sicheren Rahmen verschiedene Verhaltensvarianten ausprobieren. Sie werden dabei begleitet und die Konsequenzen einer Lösung jeweils zurückgespiegelt. Die Kinder sind an der Problemlösung beteiligt, sie erwerben Verhaltenssicherheit und ihr moralisches Wissen und ihre moralische Urteilskraft werden gefördert.

Material:
Sie brauchen in Abhängigkeit vom jeweiligen Thema die entsprechenden Handpuppen, Tiere oder Gegenstände, mit denen das Theaterstück aufge-

führt werden soll sowie eine Art Bühne, auf der das Stück spielt. Darüber hinaus brauchen Sie ein klares Thema mit möglichen Eingangsdialogen und einige Lösungsvorschläge, falls die Lösungsvorschläge der Kinder stocken oder diese sich anfangs nicht trauen, ihre Ideen zu präsentieren.

Zu den Lösungsvorschlägen:

Wichtig dabei ist, dass Sie Ideen über einige positive Lösungsvorschläge haben, die Sie aber bis zuletzt zurückhalten, denn die Kinder sollen aktiv werden. Wenn Sie gleich akzeptable Lösungsvorschläge präsentieren, ist das Spiel zu Ende.

Halten Sie unbedingt auch einige provokante Vorschläge parat, denen niemand wirklich zustimmen kann. Oft beginnen sich Menschen, Kinder wie Erwachsene, zu engagieren, wenn provokante, absurde oder unannehmbare Problemlösungen sichtbar werden, gegen die man sich stellen und abgrenzen kann. Durch den Kontrast und die emotionale Betroffenheit kommt der Ideenfluss in Gang.

Ablauf:

Vorbereitung:
Machen Sie Ihre Bühne bereit und richten Sie den Platz für die Kinder so ein, dass sie gut zuschauen, aber auch aufstehen und hinter der Bühne mitspielen können.
Nachdem Sie die nötigen Vorbereitungen getroffen und die Kinder ihre Plätze eingenommen haben, kündigen sie den Kindern den Beginn des Rollenspiels an. Wählen Sie eine Puppe aus, die die Ankündigung übernimmt und auch zwischendrin die Fragen stellt, die Entwicklung kommentiert oder mögliche Konsequenzen von Lösungsvorschlägen beleuchtet. Diese Puppe übernimmt für Sie die Kommunikation mit den Kindern. Wir werden Sie im Folgenden den Sprecher nennen.

Spielbeginn:
Das Spiel beginnt. Die Puppen beginnen nun ihre Aktionen und Dialoge. Sie erzählen die Vorgeschichte und geben alle nötigen Information, die nötig sind, um die Situation nachvollziehen zu können. Dieses Spiel läuft bis zu einem Punkt, an dem die problematische Situation besteht, für die die Kinder verschiedene Lösungen finden sollen. Die Puppen stoppen ihr Spiel und nun schaltet sich der Sprecher ein. Er spricht mit den Kindern kurz darüber, was passiert ist, wie es den verschiedenen Personen des Stückes geht und was sie eigentlich wollen.

Lösungsvorschläge der Kinder spielen:
Anschließend fordert der Sprecher die Kinder auf, Ideen zu entwickeln, wie das Stück weitergehen könnte. Die Kinder, die Ideen haben, können entweder nacheinander hinter die Bühne kommen und ihre Idee vorspielen oder eine Regieanweisung von ihrem Platz geben, die Sie dann mit den Puppen nachspielen. Unterbinden Sie Bewertungen und Entscheidungsprozess an dieser Stelle und erklären Sie den Kindern, dass sie alle jetzt erst einmal verschiedene Ideen sammeln. Lassen Sie mehrere Möglichkeiten vorspielen und notieren oder merken Sie sich die verschiedenen Ideen, damit Sie später darauf zurückkommen können.

Lösungsvorschläge mit den Kindern besprechen:
Dann besprechen Sie durch den Sprecher mit den Kindern die verschiedenen Vorschläge. Es geht dabei weniger um „gut“ oder „schlecht“, sondern darum, wie sich die jeweilige Lösung auswirkt und ob die weiteren Konsequenzen der Lösung wünschenswert oder nicht wünschenswert für die Beteiligten sind. Es muss allerdings auch deutlich werden, wo die Grenzen in einer Gemeinschaft sind, z. B. bei Vorschlägen, einen Konflikt mit brutaler Gewalt zu beenden. Diese Art der Konfliktlösung wird den Kindern ja leider in verschiedenen Medien als akzeptiere Möglichkeit, problematische Situationen zu klären, vor Augen geführt.

Lösungsvorschläge mit den Kindern auswählen:
Wenn sie alle Vorschläge mit Hilfe der Sprecher-Puppe mit den Kindern durchgesprochen haben, fragen Sie die Kinder, für welche zwei oder drei Vorschläge sie sich entscheiden würden. Fragen sie auch nach der Begründung für die jeweilige Entscheidung.

Was wichtig ist

Der Ablauf der Übung folgt dem Verlauf einer günstigen Problemlösungsstrategie. Wichtig ist hierbei, verschiedene Phasen voneinander zu trennen: Nach der Wahrnehmung und der Analyse des Problems und möglichen Ziels kommt eine „Brainstormingphase“, also eine kreative Phase der Ideenfindung. Um der Kreativität freien Lauf zu lassen und diese nicht zu stoppen, ist es wichtig, die Ideen erst im Anschluss an ihre Sammlung zu bewerten und wieder im nächsten Schritt sich für einige gute Möglichkeiten zu entscheiden.
Positiv ist es auch, sich für zwei oder drei Vorschläge zu entscheiden, da auf diese Weise die Einstellung transportiert wird, dass es nicht nur eine wirklich richtige Lösung gibt, sondern mehrere gute Möglichkeiten bestehen, also verschiedene Lösungen zur Verfügung stehen.

Was man machen kann

1. Spielvorschlag zum Problemlösen: „Eine für zwei"

Ziele:

- Auseinandersetzung über das Teilen
- mit Frustration umgehen
- zurückstehen können
- Begrenzungen akzeptieren

Material:

Sprecherpuppe, zwei Prinzessinnen, ein König, ein Kammerdiener, eine schöne Krone, einen Spiegel, in dem sich die Puppen anschauen können

Spielidee:

Der König bringt seinen beiden Töchtern von seiner Reise nur eine Krone mit, die sie sich teilen müssen. In einer solchen Situation können verschiedenste Gefühle beteiligt sein und es gibt viele Möglichkeiten des Umgangs. Beide Aspekte sollen hier ausgelotet werden.

Welche Bedürfnisse haben die verschiedenen Beteiligten? Welche Wege sind hier möglich? Wie könnten sich Handlung und Kommunikation weiter entwickeln?

Ablauf:

Vorbereitung:
Richten Sie Ihre Spielmaterialien her und bitten Sie die Kinder, Platz zu nehmen.
Die Sprecherpuppe kündigt das Stück mit dem Titel an, z. B. „Eine für zwei“. Der Sprecher erzählt die Vorgeschichte, während im Hintergrund der Bühne bereits die zwei Prinzessinnen vor ihrem Spiegel warten. Er berichtet von dem König, der sich auf einer langen Reise befand und heute in der späten Abendstunde zurückgekehrt ist. In Kürze soll er in der Kammer seiner Töchter erscheinen, um sie zu begrüßen. Die beiden Prinzessinnen sind schon sehr aufgeregt. Sie freuen sich über seine Rückkehr und hoffen, dass er ihnen etwas mitgebracht hat.

Spielbeginn:
Der Sprecher geht von der Bühne.
Prinzessin 1 (dreht sich vor dem Spiegel): *... und für mich ein Geschmeide, das glänzt und mit grünen Steinen besetzt ist ...*
Prinzessin 2: *... und für mich vielleicht einen Umhang, ganz weich und mollig warm ...*
Prinzessin 1: *... und für mich ein Pferd so schwarz wie der Rappe von Prinz Kuno ...*
Prinzessin 2: *... und für mich einen bunten Vogel, der sprechen kann ...*
Prinzessin 1: *Oh, ich bin schon so neugierig!*
Prinzessin 2: *Ich auch! Oder vielleicht ein weiches, flauschiges Daunenbett für mich, so eines, was Mama hat ...*
Prinzessin 1: *... oder ein Spiel mit goldenen Figuren ...*

Es klopft dreimal, dann tritt der Kammerdiener auf und kündigt den König an.
Kammerdiener: *Seine Hoheit, der König von und zu Hohenstein.*
Prinzessin 1 und Prinzessin 2 (laufen aufgeregt im Zimmer hin und her): *Ohh, ach, ohh, ...*
König: *Guten Tag, meine lieben Töchter. Ist es euch wohl ergangen?*

Prinzessin 1 und Prinzessin 2 (knicksen vor dem König, er tätschelt ihre Köpfe): *Oh ja, Herr Vater, uns ist es sehr gut gegangen.*

König: *Das ist schön zu hören. Ich habe euch etwas mitgebracht, eine Kostbarkeit aus einem fernen Lande.*

Die beiden Prinzessinnen schauen den König erwartungsvoll an.

König (ruft): *Kammerdiener, bringe er die Kostbarkeit!*

Der Kammerdiener kommt eilig herein und trägt ein Kissen herein, auf dem eine Krone ruht.

König: *Diese wunderbare Kone habe ich euch mitgebracht. Sie gehört euch beiden, denn eine Krone für jede von euch ist bei unserem leeren Goldkeller im Moment nicht möglich. Nun werde ich mich um meine Geschäfte kümmern, wir sehen uns später an der abendlichen Tafel. Gehabt euch wohl.*

Der König tritt ab. Die Schwestern schauen sich an, dann die Krone, dann wieder sich.
Sie verharren in dieser Position und der Sprecher betritt wieder die Bühne.

Sprecher (zu den Kindern gewandt): *Wie könnte die Geschichte weitergehen? Habt ihr Ideen?*

Nun schließen sich die folgenden Schritte an, die in der Einleitung ausführlich beschrieben wurden:

- *Lösungsvorschläge der Kinder spielen*
- *Lösungsvorschläge mit den Kindern besprechen*
- *Lösungsvorschläge mit den Kindern auswählen*

Anmerkung:
Der Dialog soll als Anregung verstanden werden und kann natürlich ausgeschmückt oder angepasst werden.
Bei den Lösungsvorschlägen sollten sowohl Ideen enthalten sein, in denen sich die Prinzessinnen schnell einigen als auch konflikthafte Entwicklungen, denn hier bietet sich die Möglichkeit, über verschiedene Formen des Streitens ins Gespräch zu kommen. Eine Streitkultur stellt eine wichtige Voraussetzung in einer Demokratie dar, in der man über eine Sache bzw. verschiedene Interessen streiten können muss, ohne dabei unfair zu werden. Konstruktives Streiten ist eine Kompetenz.

Darüber hinaus kann dieses Rollenspiel dabei helfen, über Gefühle wie Neid oder Eifersucht, Enttäuschung, Traurigkeit oder auch Freude und Sehnsucht ins Gespräch zu kommen, die ja häufig auch als Gefühlsmischung auftreten.

2. Spielvorschlag zum Problemlösen: „Zweimal gleich und einmal anders"

Ziele:

- Auseinandersetzung über Anderssein
- Umgangsmöglichkeiten mit Fremden
- Bewertungsrahmen erweitern

Material:
Sprecherpuppe, drei Tiere, wovon zwei gleich oder ähnlich sind (Tier 1 und Tier 2), während die dritte sich deutlich sichtbar unterscheidet (Tier 3), z. B. durch ihre Größe, Form, Farbe, Fell oder Haut. Finden Sie einen Titel zum Stück, der in Bezug auf ihre Tiere passt.

Spielidee:
Die zwei gleichen Tiere wollen zusammen auf die Jagd gehen. Das dritte Tier erscheint und möchte sich anschließen. Da es aber ganz anders ist, wissen die zwei Tiere nicht, wie sie darauf reagieren sollen. Es erscheint ihnen fremd und sie können es nicht einschätzen. Das verunsichert sie und sie sind hin- und hergerissen zwischen Angst und Neugier, zwischen Ablehnung und Offenheit. Welche Bedürfnisse haben die verschiedenen Beteiligten? Welche Wege sind hier möglich? Wie könnten sich Handlung und Kommunikation weiter entwickeln?

Ablauf:

Vorbereitung:

Richten Sie Ihre Spielmaterialien her und bitten Sie die Kinder, Platz zu nehmen.

Die Sprecherpuppe kündigt das Stück mit dem Titel an, z. B.: „Zweimal gleich und einmal anders". Er stellt die Tiere 1 und 2 vor, die bereits auf der Bühne sind und scheinbar miteinander reden. Der Sprecher erzählt, dass sie heute auf die Jagd gehen wollen und dass sie sich gerade darüber unterhalten, wie sie dabei vorgehen werden.

Spielbeginn:

Der Sprecher geht von der Bühne.

Tier 1: *... und dann schnuppern wir der Fährte hinterher ...*

Tier 2: *... ja, und du gehst dann von links und ich schlage einen Bogen von rechts ...*

Tier 1: *... und wir müssen uns gaaanz leise anschleichen, weißt du noch, das letzte Mal bist du auf den Ast getreten, dass war laut, oohhh, weg war unsere Beute.*

Tier 2: *Ja, dass war dumm, da habe ich nicht gut aufgepasst, dieses Mal bin ich vorsichtiger – guck mal, wer ist das denn?*

Tier 3 erscheint auf der Bildfläche und schaut sich um. Als er die zwei gleichen Tiere sieht, stutzt er. Er betrachten sie von verschiedenen Seiten und läuft dabei um sie herum, während sie etwas eingeschüchtert dastehen.

Tier 3: *Was macht ihr denn und warum seht ihr so komisch aus?*

Tier 1: *Siehst selber komisch aus!*

Tier 2: *Wir gehen auf die Jagd.*

Tier 3: *Oh, auf die Jagd, oh, toll.*

Tier 3 (ganz aufgeregt): *Ich möchte mitkommen!*

Tier 1 und Tier 2 schauen sich an. Die Tiere verharren in dieser Position und der Sprecher betritt wieder die Bühne.

Sprecher (zu den Kindern gewandt): *Wie könnte die Geschichte weitergehen? Habt ihr Ideen?*

Nun schließen sich die folgenden Schritte an, die in der Einleitung ausführlich beschrieben wurden:

- *Lösungsvorschläge der Kinder spielen*
- *Lösungsvorschläge mit den Kindern besprechen*
- *Lösungsvorschläge mit den Kindern auswählen*

Anmerkung:
Der Dialog soll als Anregung verstanden werden und kann natürlich ausgeschmückt oder angepasst werden.
Bei den Lösungsvorschlägen sollten sowohl solche enthalten sein, in denen die zwei gleichen Tiere schnell und ohne zu überlegen reagieren (nach dem Motto: „Ja, komm mit“ oder „Hau ab!) als auch andere, in denen die zwei Tiere erst einmal miteinander verhandeln und Risiken wie Chancen einer gemeinsamen Jagd ausloten.

3. Spielvorschlag zum Problemlösen: „Angst oder Mut – Angst und Mut“

Ziele:
- Auseinandersetzung mit Angst und Mut
- positive, hilfreiche Aspekte der Angst sehen
- Mut als Kontrolle von Angst begreifen
- sich gegenseitig unterstützen

Material:
Sprecherpuppe, drei gleichwertige Puppen oder Tiere (A, B, C – Sie können den Figuren natürlich noch richtige Namen geben), eine größere Kiste oder etwas Ähnliches, die man als Höhle benutzen kann und Tücher und Decken, um die Kiste entsprechend zu verkleiden, eine Taschenlampe

Spielidee:
A, B und C sind zusammen unterwegs und entdecken die Landschaft. A findet eine Höhle und will sie erforschen. B ist sogleich begeistert und will mitmachen, C jedoch hat Angst. Es geht zum einen darum, wie A und B mit der Angst von C umgehen und zum anderen darum, wie C selbst mit seiner Angst umgeht.
Wie geht es den verschiedenen Beteiligten und was möchten oder brauchen Sie? Wie kann die Geschichte weitergehen? Wie könnten sich Handlung und Kommunikation weiter entwickeln?

Ablauf:

Vorbereitung:
Richten Sie Ihre Spielmaterialien her und bitten Sie die Kinder, Platz zu nehmen.
Die Sprecherpuppe kündigt das Stück mit dem Titel an, z. B. „Angst oder Mut – Angst und Mut".
Der Sprecher erzählt, dass A, B und C miteinander die Gegend erkunden.
Sie haben schon vieles heute entdeckt und sind gut gelaunt.
Im Hintergrund der Bühne sieht man die drei, die sich über etwas beugen.

Spielbeginn:
Der Sprecher geht von der Bühne.
A: *Schau mal, diese Blüte, kennst du die?*
B: *Nein, hab ich noch nie gesehen.*
C: *Ich auch nicht.*
B: *Hm, die duftet aber lecker!*
A: *Oh, ja, stimmt, riech mal, C.*
C: *Hm, gut.*
B: *Kommt, wir gehen weiter, vielleicht entdecken wir ja noch was Interessantes.*

Die Drei laufen weiter, schauen überall herum und untersuchen ihre Umgebung. A nähert sich der Höhle.
A: *He, kommt mal her, was ist das denn?* – Und er steckt den Kopf in die Höhle.
B und C kommen angelaufen und schauen, was A gefunden hat. Als sie merken, dass es ein Höhleneingang ist, reagieren sie unterschiedlich. B ist neugierig und steckt den Kopf hinein, C wird dagegen ganz ruhig und hält sich etwas abseits.
A nimmt die Taschenlampe zur Hand und geht durch den Höhleneingang.
Er ruft nach hinten: *Kommt, wir erforschen die Höhle.*
B ruft:*Au ja.*
Und verschwindet im Höhleneingang. C bleibt jedoch draußen sitzen und zittert etwas.
Von innen hört man Stimmen: *Wo ist denn C? – Weiß ich auch nicht.*
A und B stecken ihre Köpfe wieder aus dem Höhleneingang und sehen zu C.
A fragt: *Was ist denn los, warum kommst du nicht?*

Hier stoppt das Spiel und der Sprecher erscheint auf der Bühne.
Sprecher (zu den Kindern gewandt): *Wie könnte die Geschichte weitergehen? Habt ihr Ideen?*

Nun schließen sich die folgenden Schritte an, die in der Einleitung ausführlich beschrieben wurden:

- *Lösungsvorschläge der Kinder spielen*
- *Lösungsvorschläge mit den Kindern besprechen*
- *Lösungsvorschläge mit den Kindern auswählen*

Anmerkung:
Der Dialog soll als Anregung verstanden werden und kann natürlich ausgeschmückt oder angepasst werden.
In diesem Rollenspiel sollen einerseits Möglichkeiten entwickelt werden, wie man von der Angst zum Mut kommen und sich dabei auch gegenseitig unterstützen kann.
Es soll aber auch darum gehen, Angst zu respektieren und deren positive Aspekte herauszuheben. Ohne Angst könnten wir nicht mutig sein, denn Mut schließt immer die Überwindung und Kontrolle der Angst mit ein. Angst st darüber hinaus ein wichtiger Berater, der dafür sorgt, das wir vorsichtig sind, z. B. indem man bei einem unbekannten Ort erst einmal genau hin-

schaut, um gefährliche Stellen zu sehen und sie entsprechend zu umgehen. Wenn man einfach losrennen würde, ohne aus (positiv verstandener) Angst erst einmal das Gelände zu inspizieren, könnte das sehr gefährlich werden.

4. Spielvorschlag zum Problemlösen: „Meins oder deins?"

Ziele:

- Auseinandersetzung mit einem typischen Konflikt über Besitz
- eine Balance zwischen der Durchsetzung der eigenen Wünsche und denen von anderen finden
- kreative Lösungen in schwierigen Situationen finden

Material:

Sprecherpuppe; zwei Tiere, z. B. ein Hund und ein Krokodil; einen großen Knochen aus Plastik oder Pappe; ein blaues Tuch, das auf der Bühne den Fluss darstellen soll, in dem das Krokodil lebt

Spielidee:
Das Krokodil und der Hund sind Freunde, die sich immer wieder treffen und etwas gemeinsam unternehmen. Eines Tages finden sie einen großen Knochen am Ufer des Flusses, den sie beide gerne haben und verspeisen möchten und geraten darüber in Streit. Hier stoppt die Geschichte und die Kinder werden aufgefordert, für diesen Streit Lösungen zu finden.
Wie kann die Geschichte weitergehen? Wie könnten sich Handlung und Kommunikation weiter entwickeln?

Ablauf:

Vorbereitung:
Richten Sie Ihre Spielmaterialien her, gestalten Sie den Fluss auf der Bühne mit dem Tuch. Der Fluss hat eine Kurve, in der der Knochen so drapiert wird, dass er kaum sichtbar ist. Nun bitten Sie die Kinder, Platz zu nehmen. Die Sprecherpuppe kündigt das Stück mit dem Titel an, z. B. „Meins oder deins?".
Der Sprecher erzählt, dass das Krokodil und der Hund sich schon lange kennen und Freunde sind. Sie treffen sich immer wieder am Flussufer und erkunden miteinander die Gegend. Heute sind sie bereits einige Zeit zusammen unterwegs.

Sprecher: *... aber hört nur selbst.*

Spielbeginn:
Der Sprecher geht von der Bühne.
Das Krokodil bewegt sich gemütlich durch das Wasser, während am Rande der Hund hin- und herhopst.

Krokodil: *Hm, das Wasser ist heute wieder so ...* (schnuppert drei Mal laut und vernehmlich) *... wieder so schön modrig.* (schnuppert wieder lautstark)
Hund: *Die Luft ist aber auch nicht schlecht.* (reckt die Nase in die Luft und schnuppert ebenfalls laut)
Hund: *Was hast du denn gefrühstückt heute?*
Krokodil: *Drei leckere Krabbenschwänze, schöööön saftig, aber so klein, so klein ... und du?*
Hund: *Ein altes Kaninchenbein, war schon etwas zäh, aber na ja ...*

Beide streunen weiter umher und nähern sich langsam der Stelle, an der der Knochen verborgen ist.

Krokodil: *Irgendwie riecht hier was ...* (schnuppert) ... *irgendwie anders, anders als vorher ...*

Hund (hebt die Nase und schnuppert ebenfalls heftig): *Ja, ... so nach, nach ...*

Krokodil (schnuppert): ... *nach, nach ...* (schnuppert wild)

Beide zusammen: *Knochen!!!*

Sie schauen am Flussufer und finden den Knochen. Mit einem stürmischen Satz stürzen sich sowohl das Krokodil als auch der Hund auf den Knochen. Dann hat jeder von ihnen jeweils ein Ende des Knochens im Maul und beide ziehen heftig auf ihrer Seite des Knochens. An dieser Stelle stoppt das Spiel und der Sprecher erscheint auf der Bühne.

Sprecher (zu den Kindern gewandt): *Wie könnte die Geschichte weitergehen? Habt ihr Ideen?*

Nun schließen sich die folgenden Schritte an, die in der Einleitung ausführlich beschrieben wurden:

- *Lösungsvorschläge der Kinder spielen*
- *Lösungsvorschläge mit den Kindern besprechen*
- *Lösungsvorschläge mit den Kindern auswählen*

Anmerkung:

Der Dialog soll als Anregung verstanden werden und kann natürlich ausgeschmückt oder angepasst werden.

Auch hier ist es wieder wichtig, möglichst verschiedene weitere Verläufe zu entwickeln, die auch deutlich zueinander im Kontrast stehen sollen. Es geht also nicht darum, gleich zu einer schnellen Einigung zu kommen und einen Kompromiss als beste Lösung darzustellen. Wichtig ist vielmehr einen Blick auf die verschiedenartigsten Lösungen zu werfen und in einem nächsten Schritt deren Konsequenzen zu beleuchten. So kann z. B. das Krokodil den Knochen mit einem gewaltigen Satz herunterschlucken oder der Hund mit ihm schnell weglaufen, beide können sich um den Knochen schlagen, während ein drittes Tier ihn heimlich mitnimmt usw. Bereiten Sie einige Ideen dieser Art vor und ergänzen sie mit ihnen die Vorschläge der Kinder, falls diese solche Vorschläge nicht machen. Ziel ist es dabei, dass durch diese Kontrastbeispiele Gründe und Konsequenzen für verschiedene Handlungsweisen überlegt werden müssen, eine Fähigkeit, die für die Entwicklung des moralischen Urteilsvermögens nötig ist.

5. Spielvorschlag zum Problemlösen: „Du bist schuld!"

Ziele:

- Auseinandersetzung mit dem Verlust von etwas Wichtigem
- Auseinandersetzung mit Gefühlen von Wut, Schuld und Mitgefühl in einer Gruppe
- kreative Lösungen in schwierigen Situationen finden

Material:
Sprecherpuppe; drei Puppen (A, B, C – Sie können den Figuren natürlich noch richtige Namen geben), eine Korb oder eine Tasche, in der das Essen der Gruppe verstaut ist; Material, um auf der Bühne eine Landschaft darzustellen

Spielidee:
Die drei Figuren befinden sich gemeinsam auf der Wanderschaft. A trägt das Essen für alle. Sie untersuchen immer wieder ihre Umgebung, machen Pausen, unterhalten sich und gehen dann weiter. A vergisst an einer Stelle die Tasche mit dem Essen. Erst viel später, als alle Hunger haben, bemerken sie den Verlust und regen sich auf. Wie kann die Geschichte weitergehen? Wie könnten sich Handlung und Kommunikation weiter entwickeln?

Ablauf:

Vorbereitung:
Richten Sie Ihre Spielmaterialien her und bitten Sie die Kinder, Platz zu nehmen.
Die Sprecherpuppe kündigt das Stück mit dem Titel an, z. B. „Wo ist unser Essen?" oder „Du bist schuld!"
Der Sprecher erzählt, dass die Gruppe nun schon eine Zeit lang gemeinsam auf Wanderschaft ist. A hat sich angeboten, heute das Essen zu tragen.

Spielbeginn:

Der Sprecher geht von der Bühne.

A, B und C wandern in der Landschaft herum. Ab und zu sagen sie etwas zueinander oder zeigen sich, was sie entdeckt haben. Während dieser Wanderung lässt A an einer Ecke der Bühne die Tasche mit dem Essen stehen bzw. hängen. Die Tasche soll so stehen bleiben, dass die Kinder zwar bemerken können, dass A sie vergisst. Aber danach sollen die Kinder die Tasche nicht oder kaum noch sehen. Die Puppen wandern wieder eine Zeit lang weiter.

B: *Langsam bekomme ich Hunger.*
C: *Lasst uns nur noch ein kleines bisschen weiterlaufen.*

A reibt sich erst den Bauch, dann blickt er auf den Arm, mit dem er vorher die Tasche getragen hatte. Er bleibt abrupt stehen und erstarrt einen Moment. Dann schaut er auf seine beiden Arme, dann um sich herum, hinter sich und wird dabei immer hektischer. B und C, die zuerst weitergelaufen waren, sind nun stehen geblieben und blicken zurück auf den hektischen A.

A: *Das Essen ...*
B: *Wie „das Essen"???*
C: *Du meinst ...?*
B: *Du hast doch nicht ...*
A: *Das Essen ist weg.*

Hier stoppt wieder das Spiel und der Sprecher erscheint auf der Bühne.

Sprecher (zu den Kindern gewandt): *Wie könnte die Geschichte weitergehen? Habt ihr Ideen?*

Nun schließen sich die folgenden Schritte an, die in der Einleitung ausführlich beschrieben wurden:

- *Lösungsvorschläge der Kinder spielen*
- *Lösungsvorschläge mit den Kindern besprechen*
- *Lösungsvorschläge mit den Kindern auswählen*

Anmerkung:
Der Dialog soll als Anregung verstanden werden und kann natürlich ausgeschmückt oder angepasst werden.
Hier geht es um vielfältige Gefühle, unter anderem auch um das Gefühl der Schuld und wie man damit in einer Gemeinschaft umgehen kann. Im Gespräch über die verschiedenen Lösungen sollte Raum dafür sein, dass häufig verschiedene Gefühle gleichzeitig oder kurz nacheinander da sein können. Dazu ist besonders zu bedenken:

1. Wenn man sich darüber geeinigt hat, wer die Schuld hat, ist noch lange keine Lösung für eine problematische Situation gefunden.
2. Es kann nur derjenige Fehler machen, der etwas tut.

5.2 Anregungen und Übungen für Erwachsene

Die folgenden Fragestellungen und Arbeitsblätter sollen dabei helfen, die wichtigsten Werte und die damit verbundenen Regeln, unterschiedliche Emotionen in verschiedenen Lebensbereichen und den Umgang mit den eigenen Bedürfnissen und Grenzen zu reflektieren. Wir verändern uns sowohl in unserem persönlichen Lebensverlauf als auch durch den Wechsel von Arbeitsbedingungen und durch neue oder veränderte Kontakte. Diese Wandlungen sind immer wieder mit neuen Herausforderungen verbunden. Bei der Bewältigung der alltäglichen und besonderen Anforderungen kann es hilfreich sein, von Zeit zu Zeit die eigene Situation zu reflektieren und neue Ziele zu entwickeln oder auch alte zu bestärken.

Welche Werte sind mir wichtig?

Ziele:

- Auseinandersetzung mit Werten
- wahrnehmen, wo im Alltag Werte sichtbar werden
- Regeln erkennen, wie Werte zu leben sind

Material:

Papier, Stifte, Arbeitsblätter „Wichtige Werte“ und „Welche Werte vertrete ich?“

Ablauf:

Werte-Brainstorming:

Lehnen Sie sich bequem zurück und lassen sie Ihre Gedanken in ganz allgemeiner und übergeordneter Weise darum kreisen, was Ihnen im Leben besonders wichtig ist.

Wie bedeutsam sind für Sie Freiheit, Vertrauen, Selbstverwirklichung, Freundschaft, Familie, Gemeinschaft, Sicherheit, Selbstverwirklichung, Abenteuer, Frieden, Achtung, Respekt, Pünktlichkeit, Fleiß, Herausforderung, Disziplin, Liebe und weitere Werte?

Schreiben Sie die für Sie im Leben bedeutsamsten Werte auf.

Werte im Leben:
Nun wählen sie den ersten Wert von Ihrer Liste aus. Überlegen Sie, woran Sie im Privatbereich und im beruflichen Leben erkennen, dass dieser Wert vorhanden ist, also aktuell gelebt wird. Nehmen wir beispielsweise den Wert Liebe. Liebe in der Partnerschaft mag für einen Menschen sichtbar werden darin, dass er Blumen geschenkt bekommt, für einen anderen ist es mit aufmerksamem Zuhören verbunden. Für eine dritte Person ist es möglicherweise wichtig, dass man ihr häufiger sagt, dass man sie liebt. Manche Menschen erkennen Liebe daran, wie sie berührt werden, andere empfinden einen bestimmten Blick als liebevoll. Wichtig ist es, für sich selbst herauszufinden, welches Verhalten man als liebevoll empfindet und welches nicht. Dies gilt sowohl für das Verhalten anderer als auch für das eigene Verhalten und führt zu der Frage: Wie drücke ich in meinem Verhalten Liebe aus?
Liebe in der Partnerschaft hat natürlich andere Ausdrucksformen als Liebe zu den Kindern, zu den Eltern, zu Freunden. Im beruflichen Bereich hat der Wert Liebe wiederum eine ganz andere Qualität. Woran erkenne ich, dass ich eine Arbeit mit Liebe machte oder jemand anders seine Arbeit liebt?
Werden Sie sich bewusst über die verschiedenen Ausdrucksformen, in denen sie einen Wert erkennen, denn diese Ausdrucksformen sind zugleich die Regeln, die für Sie bezüglich dieses Wertes gelten (Liebe ist, wenn . . .; Respekt erkennt man an . . ., Toleranz bedeutet, dass . . .).

Anmerkung:
Werden Sie sich bewusst darüber, an welchen Ausdrucksformen Sie die für Sie bedeutsamen Werte erkennen, denn erst dann können Sie auch wahrnehmen, dass andere möglicherweise auf andere Signale reagieren und Sie können konkret mitteilen, was Ihnen wichtig ist. Vielleicht bedeutet für eine Person die „Liebe zur Arbeit“, dass sie den Kindern aufmerksam zuhört und Zeit für sie hat, auch wenn anderes manchmal liegen bleibt, während „Liebe zur Arbeit“ für eine Kollegin bedeutet, am Feierabend alles wieder ordentlich aufzuräumen. Wenn man die Werte und die dazugehörigen Regeln versteht, kann man in Konfliktsituationen dem anderen mit Respekt begegnen und eher zu Lösungen kommen, während sonst die Debatte darüber kreist, was „richtig“ ist. Wenn man auf der Werteebene übereinstimmt, ist es für alle Seiten leichter, bei den Regeln darüber, wie diese Werte zu leben sind, Kompromisse einzugehen. Verständnis und Toleranz sind so leichter möglich.

Arbeitsblatt zur Reflexion:
Wichtige Werte in beruflichen und privaten Lebensbereichen

Werte-Brainstorming:
Welche Werte sind für Sie besonders wichtig?
Schreiben Sie die für Sie im Leben bedeutsamsten Werte auf.

Werte im Leben:
Nun befassen Sie sich mit den Werten von Ihrer Liste genauer. Wie drücken sich diese Werte in ihrem Verhalten und in dem anderer Menschen aus? Unterscheiden Sie verschiedene Lebensbereiche und halten Sie verschiedene Beispiele in Stichpunkten fest.

Wert:

Privat:

Beruflich:

Wert:

Privat:

Beruflich:

Wert:

Privat:

Beruflich:

Wert:

Privat:

Beruflich:

Wert:

Privat:

Beruflich:

Wert:

Privat:

Beruflich:

Wert:

Privat:

Beruflich:

Wert:

Privat:

Beruflich:

Arbeitsblatt zur Reflexion: Welche Werte vertrete ich?

Dieses Arbeitsblatt ist speziell dafür gedacht, die eigene Rolle und die eigene Vorbildfunktion im Zusammensein mit Kindern zu beleuchten.
Als pädagogische Fachkraft können Sie die Fragen nutzen, um Ihre Rolle und Modellfunktion im beruflichen Alltag zu klären.
Aber auch als Mutter oder Vater können Sie die Fragen nutzen, um ihre Position in Bezug auf Werte zu reflektieren.

Nehmen sie sich die Zeit, die folgenden Fragen für sich in Ruhe zu beantworten.

Welche Werte möchte ich im Zusammensein mit den Kindern vertreten, wofür stehe ich ein?

Für was möchte ich Vorbild sein?

Was möchte ich den Kindern vermitteln? Welche Botschaften möchte ich ihnen auf ihren Lebensweg mitgeben?

Wie sollen die Kinder diese Werte im Alltag erfahren?

Woran erkenne ich, wenn diese wichtigen Werte im Zusammensein verletzt werden?

Wie könnte ich konkret meine Rolle als Vorbild und als jemand, der den Orientierungsrahmen setzt, ausfüllen? Was wäre dabei wichtig?

Was hilft mir, diese Vorstellungen im Zusammensein mit den Kindern umzusetzen?

Wer kann mich dabei unterstützen?

Wertehierarchie

Ziele:

- Prioritäten bewusst machen
- eigene Gewichtungen wahrnehmen
- über Unterschiede der eigenen Kriterien in verschiedenen Lebensbereichen nachdenken

Material:

Papierkärtchen oder Karteikarten, Schreibzeug

Ablauf:

Vorbereitung:

Eine gute Vorraussetzung für diese Übung ist eine vorhergegangene Reflexion über die persönlich wichtigsten Werte und ihre Umsetzung im Alltag, die Sie mit Hilfe der Übung „Welche Werte sind mir wichtig?" durchführen können.

Schreiben Sie die für sie wichtigsten Werte auf die Kärtchen. Schreiben Sie jeden Wert zweimal auf, so dass Sie einen doppelten Kartensatz haben. Ein Kartensatz ist für den privaten Bereich, der zweite für den beruflichen Bereich bestimmt.

Berufsleben:

Legen Sie die Kärtchen mit Ihren Werten vor sich hin und betrachten Sie sie. Überlegen Sie, welcher Wert die höchste Priorität für Sie im beruflichen Bereich hat und wie die anderen Prioritäten verteilt sind. Folgende Fragen können Sie dabei unterstützen:

- Welcher Wert ist in diesem Lebensbereich am wichtigsten?
- Was muss auf jeden Fall da sein, damit für Sie die Arbeit stimmt?
- Was wäre das Zweitwichtigste?
- Was wäre zwar schön und bereichernd, doch nicht so grundsätzlich wichtig?
- Gibt es Werte, die die gleiche Priorität haben?

Legen Sie die Kärtchen in eine hierarchische Ordnung, d. h. den wichtigsten Wert ganz oben, dann den zweitwichtigsten darunter und so fort. Probieren Sie hin und her, wie die Ordnung für Sie am besten passt. Durch die einzelnen Kärtchen haben Sie leicht die Möglichkeit, die Ordnung solange zu verändern, bis Sie eine für Sie stimmige Lösung gefunden haben. Wenn Ihre Wertehierarchie für das Berufsleben fertig ist, wenden Sie sich dem Privatleben zu.

Privatbereich:
Nehmen Sie den zweiten Kartensatz zur Hand und legen Sie die Karten mit den Werten vor sich hin. Überlegen Sie wieder die Wichtigkeit der verschiedenen Werte, diesmal aber bezogen auf Ihr Privatleben. Suchen Sie eine Ordnung, die ihre Prioritäten in diesem Lebensbereich widerspiegelt, indem Sie die Kärtchen entsprechend anordnen. Nehmen Sie dabei die oben angeführten Fragen zu Hilfe. Wenn Sie Ihre Wertehierarchie für den privaten Bereich gefunden haben, gehen Sie zur Gesamtschau über.

Gesamtschau:
Nun schauen Sie sich beide Ordnungen an, die für das berufliche und die für das private Leben. Nehmen Sie wahr, was gleich ist und wo es Unterschiede gibt. Vielleicht gibt es auch Werte, die in einem Bereich vorhanden sind, aber in dem anderen keine Bedeutung haben.
Lenken sie ihre Aufmerksamkeit auf die jeweils ersten zwei Werte an der Spitze der beruflichen und privaten Hierarchie:

- Was bedeutet die Position dieser Werte für Ihr Leben?
- Was passiert, wenn diese Werte manchmal im Alltag nicht umsetzbar sind?
- Welche Handlungsmöglichkeiten stehen Ihnen dann zur Verfügung?

Anmerkung:
Mit dieser Reflexion über die Hierarchie Ihrer bedeutsamen Werte können Sie Ihre persönlichen Kriterien für Zufriedenheit und Erfüllung deutlicher wahrnehmen. Das Vorhandensein dieser Werte in Ihrem Alltag steht damit im Zusammenhang, ob Sie sich wohl fühlen und Ihre Arbeit oder Ihr Privatleben Ihnen sinnvoll und reich erscheint. Dieses Wissen über die eigenen Prioritäten kann also unter anderem dabei helfen, sich zielgerichtet für etwas zu engagieren, damit man sich wohl fühlt.
Auch Grenzverletzungen sind häufig mit einer Verletzung oder einem Verstoß gegen die eigenen Werte verbunden. Mehr Klarheit kann auch in diesem Bereich dazu führen, sich konstruktiver mit anderen auseinanderzusetzen und Lösungen zu finden.

Reflexion über Gefühle

Ziele:

- sich des eigenen Umgangs mit Gefühlen bewusst werden
- ressourcevolle und problematische Bereiche ausloten
- eigenen aktuellen „Standort“ bestimmen
- Ziele aus der Analyse entwickeln

Material:

Zeit, Papier und Schreibsachen

Ablauf:

Vorbereitung:

Nehmen sie sich ausreichend Zeit für diese Reflexionsphase, in der sie ungestört an einem angenehmen Platz verweilen können.

Geben Sie ihrer heutigen Reflexion eine Überschrift oder einen Arbeitstitel und schreiben sie diesen oben auf den Papierbogen. Darunter schreiben Sie die verschiedenen Gefühle, über die Sie heute nachdenken wollen wie beispielsweise Freude, Ärger, Ungeduld, Trauer, Angst, Liebe, Fülle, Zufriedenheit.

Unterteilen Sie das restliche Blatt mit einem Strich in zwei Seiten. Überschreiben Sie den einen Teil mit „beruflich“ und den anderen Teil mit „privat“.

Gefühle in den Lebensbereichen analysieren:

Wählen Sie das erste Gefühl von ihrer Liste aus. Nehmen Sie sich Zeit, darüber zu reflektieren, wie es Ihnen mit diesem Gefühl im Privatbereich geht:

- In welchen verschiedenen Nuancen erfahren sie es dort und wie gehen Sie damit um?
- Womit sind Sie zufrieden und was würden Sie hier gerne noch dazulernen?

Notieren Sie in Stichpunkten das, was Ihnen hier wichtig erscheint.

Nun wechseln sie auf die andere Seite:

- Wie sieht es mit diesem Gefühl in Ihrem beruflichen Leben aus?
- Wie finden Sie hier das Gefühl wieder, wie gehen Sie in diesem Lebens-

bereich damit um? – Welche Ausdrucksmöglichkeiten stehen Ihnen hier zur Verfügung?
- Wie zufrieden sind Sie damit und was würden Sie gerne verbessern oder erweitern?

Notieren Sie wieder in Stichpunkten die für Sie bedeutsamen Informationen.

Gehen Sie weiter zu dem nächsten Gefühl und verfahren damit in der gleichen Weise.
Wenn Sie über alle Gefühle nachgedacht haben, die Sie aufgeschrieben haben, überlegen Sie, ob Sie noch gerne ein weiteres ergänzen würden oder ob es für heute ausreicht, denn man kann ja immer nur einer bestimmten Auswahl der vielen möglichen Gefühle nachzuspüren.

Resümee und Zielbestimmung:
Wenn Sie diesen Prozess abgeschlossen haben, ziehen Sie ein Resümee über die heutige Reflexion:
- Mit welchen Bereichen sind sie zufrieden?
- Was würden Sie gerne verbessern oder wo würden Sie gerne ihre Möglichkeiten erweitern?

Bestimmen Sie aus diesen Fragen ein Ziel für einen überschaubaren Zeitraum, beispielsweise für die nächsten zwei Monate:
- Was genau möchten Sie lernen?
- Wie würde es aussehen, wenn sie es bereits könnten?
- Was kann Ihnen dabei helfen, das Ziel zu erreichen?

Anmerkung:
Wir Erwachsene entwickeln uns ebenfalls ständig weiter und müssen uns im Lebensverlauf mit veränderten Aufgabenstellungen, neuen Herausforderungen und altersbezogenen Veränderungen auseinandersetzen. Dazu gehört immer wieder neu der Umgang mit Emotionen, die wir in verschiedenen Zusammenhängen und in neuen Nuancen erfahren. Je nach aktuellen Lebensumständen sind wir manches Mal ressourcevoll und vital in dieser Auseinandersetzung und manchmal abgespannt und überlastet, was jeweils den Umgang mit den eigenen Gefühlen erheblich beeinflusst.
Im Lebensverlauf bleiben wir uns auf der einen Seite gleich und verändern uns auf der anderen Seite ständig. Gefühle bewerten wir daher zu

unterschiedlichen Zeiten verschieden. Auch Ereignisse oder das Verhalten von andern empfinden wir zu unterschiedlichen Zeiten anders, denn wir entwickeln uns weiter und verändern unsere Perspektive.
Daher ist es sinnvoll, die eigene Gefühlslage und den Umgang mit Gefühlen sowie die aktuelle Situation von Zeit zu Zeit zu reflektieren.

Reflexion über eigene Bedürfnisse und Grenzen

Ziele:

- wahrnehmen, in welchen Lebensbereichen Bedürfnisse und Grenzen gut mitgeteilt und eingebracht werden können und in welchen Bereichen dies noch nicht befriedigend gelingt
- differenzierte Betrachtung der verschiedenen Lebensbereiche
- bewusste Wahrnehmung von eigenen Bedürfnissen und Grenzen
- aktuelle Standortbestimmung.

Material:

ein großes Blatt Papier, Stifte

Ablauf:

Vorbereitung:

Setzen Sie einen Kreis in die Mitte vom Blatt und schreiben Sie Ihren Namen hinein. Die linke Seite Ihres Blattes ist für die beruflichen Lebensbereiche und die dazugehörigen Beziehungen bestimmt, die rechte Seite für den Privatbereich.

Privatleben:

Nehmen Sie wahr, in welche verschiedenen Bereiche sich ihr Privatleben aufteilt:

- Sind sie Single oder führen Sie eine Partnerschaft?
- Leben sie noch bei ihren Eltern oder mit einem Partner bzw. einer Partnerin zusammen? – Haben Sie ein Kind oder mehrere Kinder?
- Pflegen Sie ihre Eltern oder andere Personen?
- Haben Sie einen kleinen oder großen Freundeskreis, sind sie sportlich aktiv oder engagieren sie sich in einem Verein oder in der Gemeinde?
- Haben Sie bestimmte Hobbies?

Zeichnen Sie diese Bereiche auf und gehen Sie sie einzeln nacheinander durch. Fragen Sie sich dabei, wies es mit Ihren Bedürfnissen und mit Ihren Grenzen in diesen Lebensbereichen aussieht:

- Wie nehmen Sie ihre Bedürfnisse wahr und wie teilen sie diese mit bzw. bringen Sie sie ein?
- Wie nehmen Sie Ihre Grenzen wahr, teilen Sie anderen mit und setzen Sie gegebenenfalls durch?

Bewerten Sie nun Ihre Umgangsweise. Stellen Sie fest, wie zufrieden Sie in dem jeweiligen Bereich sind und beziehen Sie dabei den Kontext mit ein. Es gibt hier kein klares „Gut“ oder „Schlecht“, sondern die Erfordernisse der aktuellen Lebenssituation müssen mitbedacht werden. Wenn Sie z. B. ein kleines Kind haben, gehört es mit zur Aufgabe, manche eigenen Bedürfnisse für eine gewisse Zeit zurückzustellen. Grenzen bei einem dreijährigen Kind können anders durchgesetzt werden als bei einem Säugling, der vielleicht noch Fieber hat. Die Bewertung hängt also von der gesamten Situation ab. Wenden Sie sich dann dem beruflichen Bereich zu.

Berufsleben:
Verfahren Sie hier in ähnlicher Weise wie schon bei dem Privatleben. Fragen Sie sich, welche verschiedenen Bereiche und Beziehungen es hier gibt und zeichnen Sie diese auf dem dafür vorgesehenen Blatt auf.
Dann gehen Sie die einzelnen Bereiche wieder nacheinander durch und stellen fest, in welcher Weise Sie Ihre Bedürfnisse und Ihre Grenzen jeweils wahrnehmen und mitteilen:

- Wie geht es Ihnen mit Ihren Bedürfnissen und Grenzen in der Arbeit mit den Kindern?
- Wie mit den Kollegen und Kolleginnen?
- Wie geht es Ihnen bezüglich dieses Themas mit Vorgesetzten?
- Wie geht es Ihnen mit Ihren Bedürfnissen und Grenzen, wenn Sie konzeptionell arbeiten oder bestimmte Themen für die Gruppe vorbereiten?
- Wie geht es Ihnen mit den Eltern?
- Wie viel von Ihrer Arbeit nehmen Sie mit in Ihr Privatleben?

Bewerten Sie nun die verschiedenen beruflichen Bereiche. Wo sind Sie zufrieden, wo eher unzufrieden?

Resümee und Ziel:
Betrachten Sie nun wieder beide Bereiche, den beruflichen und den privaten:
- Gibt es hier große Unterschiede oder überwiegend Ähnlichkeiten?
- Wo sind Sie zufrieden?
- Was würden Sie gerne verbessern?
- Welches konkrete Ziel könnten Sie daraus entwickeln?

Oft ist es sinnvoll, sich für eine bestimmte Zeit in einem Bereich erst einmal bewusster zu beobachten, um wahrzunehmen: Wo sind denn dort tatsächlich meine Grenzen und was habe ich denn dort für Bedürfnisse? Wenn man das genau weiß, ist eine angemessene Reaktion oft wesentlich leichter.

Anmerkung:
Bei der Reflexion über Bedürfnisse und Grenzen sollten Sie im Auge behalten, dass es eine momentane Standortbestimmung ist, die sich durch veränderte äußere oder innere Bedingungen schnell ändern kann. Daher lohnt es sich, sich diesem Thema in gewissen Abständen immer wieder neu zuzuwenden. Die Balance zwischen eigenen Bedürfnissen und Grenzen und denen von anderen muss immer wieder neu hergestellt werden.

Wie auch bei anderen Dingen wirken Sie in Bezug auf diese Themen als Vorbild. Die Kinder lernen an Ihrem Beispiel, wie man mit eigenen Grenzen und Bedürfnissen umgeht. Nur wer seine Bedürfnisse und Grenzen achtet, wird auch die anderer Menschen achten können. Es geht dabei nicht in erster Linie darum, eigene Bedürfnisse und Grenzen umfassend durchzusetzen, sondern darum, ihnen achtsam zu begegnen., sie wahrzunehmen, sie einzubringen, auf sie zu bestehen oder auch sie bewusst zurückzunehmen, je nach den Erfordernissen der jeweiligen Situation.

Reflexion über Beziehungen

Ziele:

- sich der Verschiedenartigkeit der sozialen Beziehungen bewusst werden
- den unterschiedlichen Gefühlsausdruck in verschiedenen Beziehungen wahrnehmen
- ressourcevolle und problematische Bereiche ausloten
- eigene aktuelle Situation in Bezug auf die Sozialkontakte bewerten
- über die Qualitäten wünschenswerter Beziehungen nachdenken

Material:
Zeit, Papier und Stifte

Ablauf:

Vorbereitung:
Nehmen Sie sich ausreichend Zeit für diese Reflexionsphase, in der Sie ungestört an einem angenehmen Platz verweilen können.
Nehmen Sie zwei Bogen Papier. Den einen überschreiben Sie mit „Privat" und den zweiten mit „Arbeit". Wählen Sie aus, mit welchem Bereich Sie sich zuerst befassen wollen.

„Beziehungen im Privatleben"
Zeichnen Sie einen Kreis in die Mitte vom Blatt und schreiben sie Ihren Namen hinein. Ordnen Sie um sich herum die verschiedenen Menschen, mit denen Sie eine bedeutende Beziehung verbindet, ebenfalls in Namenskreisen an. Nähere Beziehungen können Sie durch mehr Nähe, eher entfernte Beziehungen durch eine größere Entfernung zu Ihnen auf dem Blatt veranschaulichen. Nun gehen Sie jede Person einzeln durch. Bewerten Sie die Qualität ihrer Beziehung:

- Was ist positiv oder zufrieden stellend?
- Was wäre verbesserungswürdig?
- Welche Ideen haben Sie dafür?

Halten Sie Ihre momentane Einschätzung auf dem Blatt fest, indem Sie beispielsweise Symbole anbringen, verschiedene Farben wählen oder Stichpunkte dazuschreiben (ggf. auch auf ein Extrablatt).

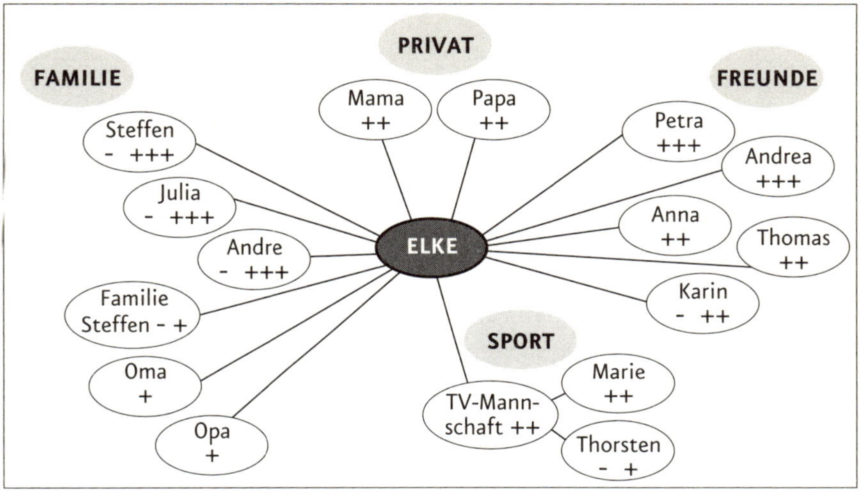

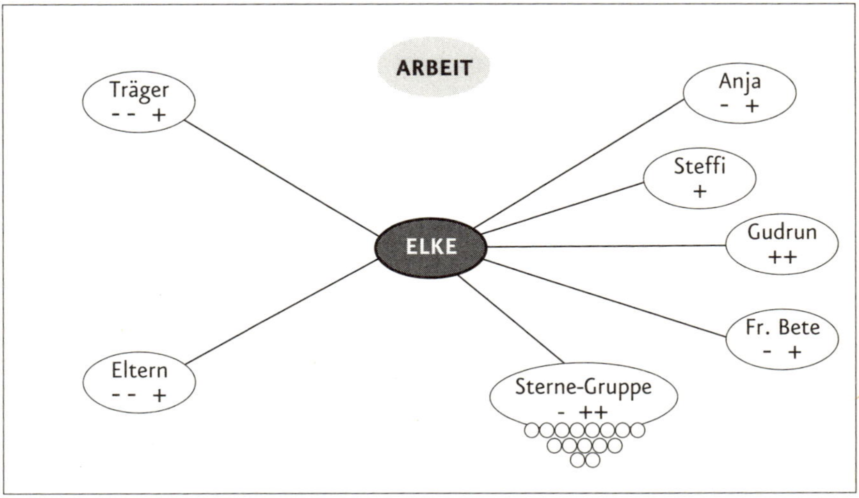

„Berufliche Beziehungen"

Auf den mit „ARBEIT" überschriebenen Papierbogen setzen Sie sich wieder mit Kreis und Namen in die Mitte. Nun loten Sie ihre verschiedenen Beziehungen im beruflichen Bereich aus. Verfahren Sie dabei in gleicher Weise wie schon oben beschrieben, indem Sie die Qualitäten der einzelnen Beziehungen bewerten, überlegen, was verbesserungswürdig sein könnte und ihre Einschätzung auf das Papier bringen.

Resümee und Zielbestimmung
Nachdem Sie sich beide Bereiche einzeln angeschaut haben nehmen Sie sich nun die Zeit, beide miteinander zu vergleichen:
- Worin sind sie ähnlich, worin verschieden?
- Haben Sie auf beiden Seiten ähnliche Themenstellungen oder gibt es Bereiche, die beispielsweise im beruflichen Leben unproblematisch, im Privaten jedoch schwierig sind oder umgekehrt?
- Was würden Sie gerne im Privatbereich und was im beruflichen Bereich verbessern?
- Was könnten Sie sich konkret als Ziel(e) setzen?
- Wer oder was könnte Sie dabei unterstützen?
- Wie würden Sie handeln, wenn Sie das Ziel bereits erreicht hätten?

Anmerkung:
Auch Beziehungen unterliegen ständigen Wandlungen, die in einem komplexen System von verschiedenartigsten Einflüssen stattfinden. Sie müssen ständig neu ausbalanciert und bestätigt werden. Sie können zugleich bei dem Finden der Balance im Alltag sehr unterstützen und stabilisieren. Nicht umsonst sind zufrieden stellende und emotional reiche und sichere Beziehungen ein wichtiger Faktor bei der Resilienz. Das gilt natürlich nicht nur für Kinder, sondern natürlich auch für Erwachsene. Man stelle sich nur vor, eine Erzieherin muss ihre Gruppe leiten, zu Hause ihre kranke Mutter pflegen, den kürzlich erfolgten Tod ihres Vaters verkraften, sich mit einer aktuell problematischen Partnerschaft auseinandersetzen und zusätzlich noch mit der Tochter wegen der abgerutschten Schulleistungen täglich üben. In diesem Beispiel gibt es zu dem Zeitpunkt kaum unterstützende nährende Beziehungen, alle kosten Kraft. Obwohl die Auseinandersetzung in jedem einzelnen Bereich sinnvoll ist und fruchtbar sein kann, ist diese Häufung doch sehr problematisch. Wichtig ist also immer, auch ausreichend unterstützende Beziehungen aktivieren zu können, sich beispielsweise Zeit mit einer Freundin zu nehmen oder auch sich professionelle Unterstützung zur Bewältigung einer Krisensituation zu gönnen.

6. Anhang

6.1 Verzeichnis der Übungen

6.1.1 Übungen für Kinder

Problemlösen

6.1.2 Anregungen und Übungen für Erwachsene

6.2 Literatur

Asendorpf, Jens B. (2003): Psychologie der Persönlichkeit. Berlin:Springer.

Bayerisches Staatsministerium für Arbeit und Sozialordnung, Familie und Frauen/ Institut für Frühpädagogik (2006): Der Bayerische Bildungs- und Erziehungsplan für Kinder in Tageseinrichtungen bis zur Einschulung

BdKK- Beschluss der Kultusministerkonferenz (2004): Gemeinsamer Rahmen der Länder für die frühe Bildung in Kindertageseinrichtungen. Deutscher Bildungsserver: Onlineressource 25908, 26. 10. 2006.

Coles, Robert (1998): Moralische Intelligenz oder Kinder brauchen Werte. Berlin: Rowohlt.

Edelstein, Wolfgang / Nunner-Winkler, Gertrud / Noam, Gil (Hg.)(1993): Moral und Person. Frankfurt/Main: Suhrkamp

Ekman, Paul (2004): Emotionen lesen. München: Spektrum.

Gardner, Howard (1991). Abschied vom IQ. Die Rahmen-Theorie der vielfachen Intelligenzen. Stuttgart.

Goleman, Daniel (1997): EQ. Emotionale Intelligenz. München: dtv.

Goleman, Daniel – Interview im Spiegel: Lakotta/Wellershoff (2006): „Ballett der Augenbrauen", Der Spiegel 36/2006. S. 146–147.

Haug-Schnabel, Gabriele / Bensel, Joachim (2005): Grundlagen der Entwicklungspsychologie. Freiburg: Herder.

Holtz, Karl-Ludwig (1994). Geistige Behinderung und soziale Kompetenz. Analyse und Integration psychologischer Konstrukte. Heidelberg: HVA-Edition Schindele.

Krappmann, Lothar. (2004): Die Klugheit der Gefühle und wie sie Wegweiser im Miteinander sein können. In: Buchner/Lauermann/Walcher (Hg.). Wie viel Gefühl braucht der Mensch? Emotionen im pädagogischen Alltag. 53. Internationale Pädagogische Werktagung Salzburg. Wien, öbv&hpt, S. 75–87

Kunzmann, Peter u. a. (2005): dtv-Atlas Philosophie. München: dtv.

Ministerium für Kultus, Jugend und Sport Baden-Württemberg (2006): Orientierungsplan für Bildung und Erziehung für die baden-württembergischen Kindergärten (Pilotphase)

Ministerium für Bildung, Jugend und Sport des Landes Brandenburg (2005): Synopse zu den Bildungsplänen der Länder – Aktualisierung der Anlage JMK/KMK – Beschluss 2004 (Stand 2005). Deutscher Bildungsserver: Onlineressource 31913, 26. 10. 2006.

Niedersächsisches Kultusministerium (2005): Orientierungsplan für Bildung und Erziehung im Elementarbereich niedersächsischer Tageseinrichtungen für Kinder

Nunner-Winkler, Gertrud (2000): „Nicht mal der liebe Gott darf andere schlagen". Psychologie heute 12/2000. S. 48–53.

Nussbaum, Martha C. (2000). Emotionen und der Ursprung der Moral. In: Edelstein/Nunner-Winkler (Hg.). Moral im sozialen Kontext. Frankfurt/Main: suhrkamp, S. 82–115.

Petermann, Ulrike & Petermann, Franz (1989). Training mit sozial unsicheren Kindern. München: PVU.

Petermann, Franz & Wiedebusch, Silvia (2003): Emotionale Kompetenz bei Kindern. Göttingen: Hogrefe

Pfeffer, Simone (2002): Emotionales Lernen. Ein Praxisbuch für den Kindergarten. Weinheim: Beltz

Pfeffer, S. (2004a): Die Welt der Gefühle verstehen. Wunderfitz – Arbeitsheft zur Förderung der emotionalen Kompetenz. Freiburg: Herder

Pfeffer, S. (2004b): Die Vielfalt der Gefühle. Emotionale Kompetenz im Kindergarten fördern. In: Buchner/Lauermann/Walcher (Hg.). Wie viel Gefühl braucht der Mensch? Emotionen im pädagogischen Alltag. 53. Internationale Pädagogische Werktagung Salzburg. Wien, öbv&hpt, S. 99–109.

Pfeffer, S. / Göppner-Pfeffer, M. (2005): Lust auf Lernen. Lernfreude und Motivation spielerisch fördern. Freiburg: Herder

Pfeffer, S. (2006): Emotionen. In: Pousset, Raimund (Hg.). Beltz Handwörterbuch für Erzieherinnen und Erzieher. Weinheim: Beltz, S. 102–105.

Pousset, Raimund (Hg.) (2006): Beltz Handwörterbuch für Erzieherinnen und Erzieher. Weinheim: Beltz.

Resch, Franz (2004): Ich bin was ich fühle. Die Bedeutung der Emotionen für die Entwicklung der Persönlichkeit. In: Bucher/Lauermann/Walcher (Hg.). Wie viel Gefühl braucht der Mensch? Emotionen im pädagogischen Alltag. 53.Internationale Pädagogische Werktagung Salzburg. Wien: öbv & hpt, 53–65.

Saarni, Carolyn (2002): Die Entwicklung von emotionaler Kompetenz in Beziehungen. In: Salisch von, M. (Hg.): Emotionale Kompetenz entwickeln. Stuttgart: Kohlhammer.

Salisch von, Maria (Hg.) (2002): Emotionale Kompetenz entwickeln. Stuttgart: Kohlhammer.

Schreiber-Wicke, Edith/ Holland, Carola (1997): Ich hab dich so lieb. Stuttgart: Thienemann.

Seligman, Martin (1993): Pessimisten küsst man nicht. Optimismus kann man lernen. München: Knaur.

Sozialministerium Mecklenburg-Vorpommern (2004): Rahmenplan für die zielgerichtete Vorbereitung von Kindern in Kindertageseinrichtungen auf die Schule

Stanjek, Karl (2006): Werte und Normen. In: Pousset, Raimund (Hg.). Beltz Handwörterbuch für Erzieherinnen und Erzieher. Weinheim: Beltz, S. 473–476.

Thüringer Kultusministerium (2006): Thüringer Bildungsplan für Kinder bis 10 Jahre. Erprobungsversion